U0100686

仙道風水術
尋龍法

前　言

風水指的是從中國輾轉傳出像謎一般的法術，一言以蔽之，就是大地不可思議的作用與掌控技巧。

操作此項法術的人稱為風水師，自古以來，風水師即傳達如下訊息：大地中有龍潛藏著，在有力的活動當中，便形成稱為龍穴的能量集中點——

這股龍的力量在冥冥之中引導世人。人們往往在追求龍穴的過程當中，遇到令人難以相信的異常現象。

如果各位想了解其中奧秘的話，請你閱讀本書。希望你先看看目錄，從目錄中可以發現，許多內容都是你不曾見過的。

這些內容不論新舊，均是實人實事。來自風水師們秘密追尋龍穴時的親身體驗。

風水世界非當深奧。其神秘部份不太向外傳，風水若以進入神秘世界為著眼點，則和中國仙道很相似。

繼承中國文化的日本，事實上從很久以前即知道風水術，並且有相當程度的了解。

日本古代的首都，例如：藤原京（飛鳥）、平城京（奈良）、長岡京（京都）、平安京（京都）等等，均是依風水所建。這些古代都市的宮殿（內裡）均是築在龍穴上。為政者即利用龍這股不可思議的力量治國。

在這歷史上屬於比較新的江戶，也是依照風水所建設的都市。昔日日本對龍的確相當重視。

但不知道從什麼時候開始，日本人好像將風水遺忘了。現在只留下如地理占卜般的殘垣斷壁。很可惜，真正的風水已不復見，大多被占卜佔據了。

但在遺忘的現象當中，最近對風水的關心似乎有一點點提高，但對象並非風水起源地中國，而是香港、新如坡，或者透過歐美華僑社會傳入西方後，再重新輸入。老實說，如果有英文風水書，那就太好了。

的確，這有些諷刺。但現代世界對於氣的關心，以及對於龍穴的重視，是一股不可忽視的力量，而只傾向占卜的日本地理，的確略遜一籌。

但很可惜，對於真正的風水，現代人可說一步也沒踏入。首先只沈醉在東方氣氛中，以旁觀者的立場看風水而已，這是我翻閱中文（**包含古文**）、英文風水書後所得到的結論。

坦白講，中國人的風水世界已經被科學化，日本地理偏向於占卜，而世界各地流行的風水，則多多少少傾向於自然科學。

風水是個神秘的世界，如果說得具體些，應該近似怪異小說《聊齋誌異》，或香港一些怪異電影所描寫的世界。

當然，我們也不要在這些神奇鬼怪當中周旋，就像實踐地理學或一些關心風水的西方人所說，風水充滿實用的力量。

這是一股超越科學技術的力量，就像以針灸、漢方為代表的中國醫學或者氣功……，就因為科學技術無法分析、深入，所以至今仍被置於一旁。

我一直深深地苦惱著，該如何將風水發源地中國日常所見的風水，以及對龍的看法，實在清楚地傳達給各位讀者。

因此，我讀遍了中文、英文原書，達五十冊以上，更聽了不計其數風水師的談話，才完成這本在日本絕無僅有的風水書，不是老王賣瓜說瓜甜，您們讀過之後，就會了解這本風水書的與眾不同。

閱讀完像謎一樣的風水實例後，各位不但能了解究竟風水是什麼，還能在腦海中編織一套理論體系，這不是一本乏味枯燥的占卜書，也不是只談空虛話題的理論書，而是一本真人真事不可思議的書。

相信內容絕大部份為各位第一次聽聞，也許讀者會邊讀邊發出驚訝聲，就像我初次接觸風水一樣，希望此書能帶給讀者新鮮感與實用性。

此書以完全不了解風水的人為對象，因此，儘量以實例詮釋困難的風水，相信對風水完全陌生的人，讀完本書後，也能了解真正的風水。

目錄

序章

保護謎樣龍脈的人

西方人在中國碰見風水怪物

這是發生在一八七六年（清光緒二年），英國人協助中國建設第一條鐵路（松滬鐵路）時的事。這條鐵路建設之前，突然沿線居民群起反對，據說鐵路將切斷龍脈，此地將成為風水所稱的「病龍」。

「龍脈？風水？病龍？」

這些到底是什麼？為什麼為了這些事反對建鐵路呢？風水究竟是什麼？

這時對西方人而言，什麼都像謎一樣。

風水——一言以蔽之，就是中國自古流傳下來的大地觀察術，而龍脈則是觀察對象。

龍是本書的主題，各位一定得先在腦海中留個位置給它，為什麼中國人會為了它而反對鐵路這種方便、文明的建設呢？

關鍵就在於最後提到的病龍，病龍是什麼？關於這一點，明代軍師兼方術家劉基（伯溫）在其所著《堪輿漫興》中有以下記述。

病龍慵懶不堪言，邊死邊生力欠完，
鋤破崩殘同一斷，縱然成地亦孤寒。

大概意思如下：

病龍是一無是處之物，連談論的價值都沒有，亦即地氣瀕臨死亡狀態，完全失去生命力，土地受人為破壞而崩落，大地之氣呈現被切斷的狀態，即使被當成土地使用，也難望生氣。

明代軍師兼方術家・劉基

關於這一點，香港風水師李人圭作了以下註解。

「松滬鐵路一事，在現代人看來也許認為那群反對者固執迷信、無可救藥，但在風水盛行的當時，那群反對者反而認為破壞大地之龍的文明人真是無藥可救。從此事件即可看出將大地視為生命，認為大地與人平等的中國文化，與只以人為貴的西洋文明衝突之處。」

這類風水事件在西方列強大舉進出中國的十九世紀可說隨處可見。我們就舉幾個例子，首先引述阿里斯特・J・艾特魯所著有關十九世紀末香港風水一書。

——大約六十年前，位於殖民地香港領導地位的商業界人士，想在哈比巴里一條小街上建一處商業據點，以此為全香港的商業中心，但卻因風水因素失敗了。

當時香港政府以此計畫為依據，在哈比巴里進行卡普道路開通時，遇到居住在土地上中國人的強烈阻擾，指工程切斷生龍的手。

實際上在工程進行之初，也發生一連串奇妙的事情，首先是工人遭遇香港熱，一個個地倒下。

不但如此，住在周邊的英國人也陸續感染瘧疾，而且病情來勢洶洶，許多人不得不棄家逃跑。

中國人見狀即高唱勝利宣言——。（Ernest J Eitle『Feng shui』）

已變為現代化都市的葡萄牙殖民地澳門

另一件是發生在十六世紀以來即成為葡萄牙殖民地的澳門風水事件。

——澳門位於香港以西四哩（約六四公里），是突出於大陸的小半島與周圍幾個島所組成。

十九世紀，艾馬爾總督（Amaral）至澳門赴任，這位總督很現代化，一心建設澳門為現代化地區，於是就任後即四處進行道路建設、公共建設。

但問題在於其做法有些強悍，即使道路切斷龍脈、破壞中國人墳墓（**中國選墓地均挑龍穴**）也無所謂，絲毫不考慮到中國人最重視的風水。

當然，中國人除了怒在心頭之外，也強烈對外反彈，但掌握澳門大權的總督，卻一點兒也不為所動，命令工程繼續進行。

有一天，對澳門現代化最有貢獻的總督，突然慘遭形體不明刺客的殺害，而且身首異處，聞之者均稱總督切斷好幾隻龍的腳，所以他自己也遭受到龍的報復而身首異處——。（Eitel 前著）

風水使香港新機場工程受阻

從上述幾個實例，各位對中國人所謂的風水有一些概念了吧！

事實上，有關風水事件在中國、香港、台灣，仍然層出不窮。再看看下例：

——一九七二年，香港政府計畫延山路建設一條車道，當與附近居民提出溝通時，遭到猛烈反對。

這些十幾代居住於此的百姓表示：

「絕對不遷出現在所住場所。」

其理由如下：

「這項道路工程破壞風水，因為和龍接觸，一旦出差錯斬斷龍頭，將凶運連年。」

他們並且告訴政府官員，約四十五年前，附近有個村的龍脈受到破壞，全村村民無一逃過死亡的恐怖事件。

官員們聞言，立即調整工程——。

再舉一個比較新的例子，首先請看下列報紙記載的大標題。

——新機場工程牽動風水，港府研究三措施解決

這是一九九一年一月三日記載於香港『明報』上的標題，在二十世紀末，還有不到十年就邁入二十一世紀的時候，報上出現有關風水阻礙工程的記事，可見風水生命力之強實在驚人。

標題中所說的新機場，指的是九龍半島西鄰羅他島上建設之最新設備機場。

我們所好奇的是受到風水影響，香港政府討論對策的部份，這些官員因應風水思考對策的情形，在日本、歐美可從來沒有見過。

我們也看看內容記載。

香港政府計畫建設新機場，選址位於新界大嶼山以北的一座人工島上，面積一二・五五平方公里，包括赤鱲角、欖洲及填海所得來的土地。工程必須在赤鱲角進行大規模填海，以設立新街道，但這項計畫遭到附近村民的強烈反對，村民表示，「此項工程將切斷象鼻形的山腰部份，會破壞村子風水，希望維持原

在高樓林立的現代都市香港，
人們對風水的關心程度很高。

狀」。

香港政府的答案是，「我們也十分重視風水問題」，事實上，這也是政府派遣工程公司人員與村民溝通後得到的結果。

據蘇啟龍（關係人）表示：「東涌與大濠之間有一座連續丘陵，如果此處遭破壞、被剷平，則住民們的風水將被破壞，雖然當局判斷丘陵高度大概在十樓至十二樓程度，應該不會影響飛機離陸著陸，但最後決定仍然還沒出現」——。

從記事得知，新機場因風水而變更是改不了的。

西洋科學文明與真正現實衝突，站在政府的立場，該如何應付風水呢？

中國風水不是占卜，而是神秘的技術，必須深入細微地觀察，現在就開始尋龍之旅吧！

第一章

風水所謂的龍是有生命的生物

京都街道是學習風水最適合的教材

學習風水若能應用實例說明，便能一目瞭然，但要尋找實例相當困難，尤其風水這種東西，口說無憑，光靠想像很難理解。

所以我幾乎陷於進退兩難的地步，不知如何說明才能讓外行人一看就懂，就在悶悶不樂的苦思當中，有一天突然看到一項電視報導。

通常我是不看電視的，只聽ＮＨＫ新聞及特別節目，只有聽到非常值得一看的節目時，才會打開電視收看節目畫面。

這天（一九九四年六月五日）也一樣，我照例收聽ＦＭ的ＮＨＫ新聞，忽然聽到風水這個名詞，心想現在ＮＨＫ也會製作這種有趣的節目了。接著，又聽到邀請香港風水師就實際風水形狀加以說明……，這應該有收看的價值吧！於是我打開電視。

香港風水師一邊介紹香港風水實例一邊說明，接著，話題一轉而說明京都的風水，再接下來是博物學研究家、小說家、神秘學研究家、翻譯家荒俣宏先生上場。

一開始只因興趣而收看，但節目愈來愈精彩，讓我收穫良多，因為節目簡單扼要地向外行人說明何謂風水？何謂龍？何謂穴？

的確，京都是風水解說的好場所，因為昔日就風水挑選最適當的場所造橋鋪路，既然以風水為基礎，其配置當然具有模範地位。

我隨著節目至結束才移動位置。

終於找到解說風水的好教材了……。

首先，荒俣先生陪著香港風水師先生到京都，荒俣先生問劉先生：「京都的風水如何？」因為看不見山，所以無法找龍，於是他們登上京都最高場所京都塔。

在此向四周眺望，即可清楚看見京都周圍的山脈，劉先生立刻發現京都的龍脈之源，他靠譯者向主持人說道：「京都的龍頭在那座大文字山。」

大文字不是東山的大文字，而是京都北側的左大文字。

劉先生說：「京都的龍從北側蜿蜒曲折至左大文字處，形成頭部。」接著又說：「下面的丘陵是星峰，龍就是朝那個方向。」

荒俣先生回答：「哦！那座丘陵嗎？那是船岡山。」

在此先就風水稍加說明。

首先，風水中有「龍、穴（又稱龍穴）、砂、水、向」等五要素，而龍又有山龍、水龍（川、溪、湖、海、池等等）、平地龍（道龍、平埔龍）等。

山龍有最開始的源頭（稱為太祖山），從源頭向上下左右彎彎曲曲，有時呈U字型，有時呈鍋蓋形，到達最後的山（稱為父母山）結成龍穴。

各位腦海中先有此概念，劉先生所謂的龍頭，就是指最後的山，亦即京都的左大文字山，在風水上稱為父母山。

星峰是指山中的龍向下到達地面的場所，龍穴大致上在其周圍，照劉先生的說法，京都的船岡山就是星峰。

做了以上說明後，荒俣先生與劉先生登上船岡山，進一步探究龍氣從船岡山流向何處，這就是風水最重要的穴，亦即龍穴。

　　龍穴可解釋為龍氣在地上出現的場所，以現代法表示，就是大地能量集中點，風水最重要的技巧就是找出龍穴。

　　回到主題。劉先生一登上船岡山山頂即取出羅盤，開始探測京都的龍向什麼方向延伸。

太祖山
從太祖山出發的山龍，蜿蜒曲折而流後，最後到達結成龍穴的山＝父母山。
在山中的龍降至地面的場所，稱為星峰。
水
父母山（龍頭）＝左大文字山
星峰＝船岡山

京都的山龍

羅盤是中心嵌入磁石的盤，圓周各層刻寫風水所需的各項資料，磁針可以正確指出南北方向，只要回轉圓盤南北與磁針吻合，即可輕易找出方位。

據劉先生表示，從船岡山往下流的龍是向正北一八二度方向，從地圖看，正是現在的千本大道。

接著，畫面上出現古代平安京的地圖，現在的千本大道正是平安京的中心朱雀大路，很明顯地，到達船岡山往下流的龍，從這裡沿著朱雀大路向南伸展。

劉先生告訴荒俣先生：「京都的龍沿著此道向正南走。」照他的說法，此道之某處即京都的龍穴所在。

要找龍穴必須先看青龍、白虎。青龍是以龍頭為背的左側山，白虎是指右側的山，這二項風水稱為「砂」。

劉先生看看西方說：「那座山是白虎。」亦即嵐山的一峰，接著看看東方說：「那座有大字的山是青龍。」

荒俣先生回答：「那是大文字山。」這座大文字山是位於東山的大文字。

劉先生斷言：「千本大道與這二座山山頂連結線的交叉場所即京都的龍穴。」

↑ 船岡山全景。京都的龍從船岡山下降，經千本大道往南行。

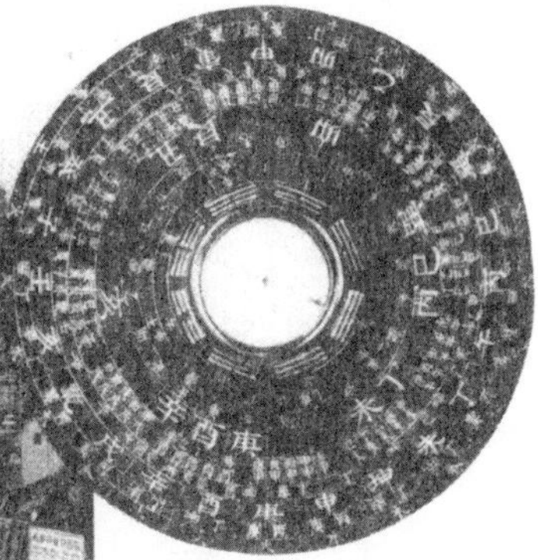

↑ 羅盤的中心部份。（圓周記載必要資料）

← 二條車站旁的千本大道，此大道即平安京時代的朱雀大路。

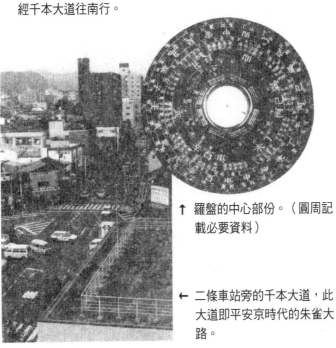

平安京滿佈龍的威力

二座山頂東西的連結線是現在的丸太町大道，京都之龍應該出現在丸太町大道與千本大道交叉處。

二條大道交叉點從地圖來看，正好是現在千本丸太町的交叉點，現在看起來沒什麼的交叉點，在歷史上卻是非常重要的場所。

事實上，桓武天皇就曾在此建大內裏、太極殿，現在此處仍有紀念碑。

手邊有歷史地圖的讀者最好翻開平安京看看，這附近正好是以前的大內裏，而大內裏最重要的場所太極殿，正是龍穴所在。

劉先生繼續說道：

「順此道而下的龍，必須在此鑽出地面飲水。」

然後指著地圖上的小場所。

「這裡是神泉苑，昔日乞雨的場所。」

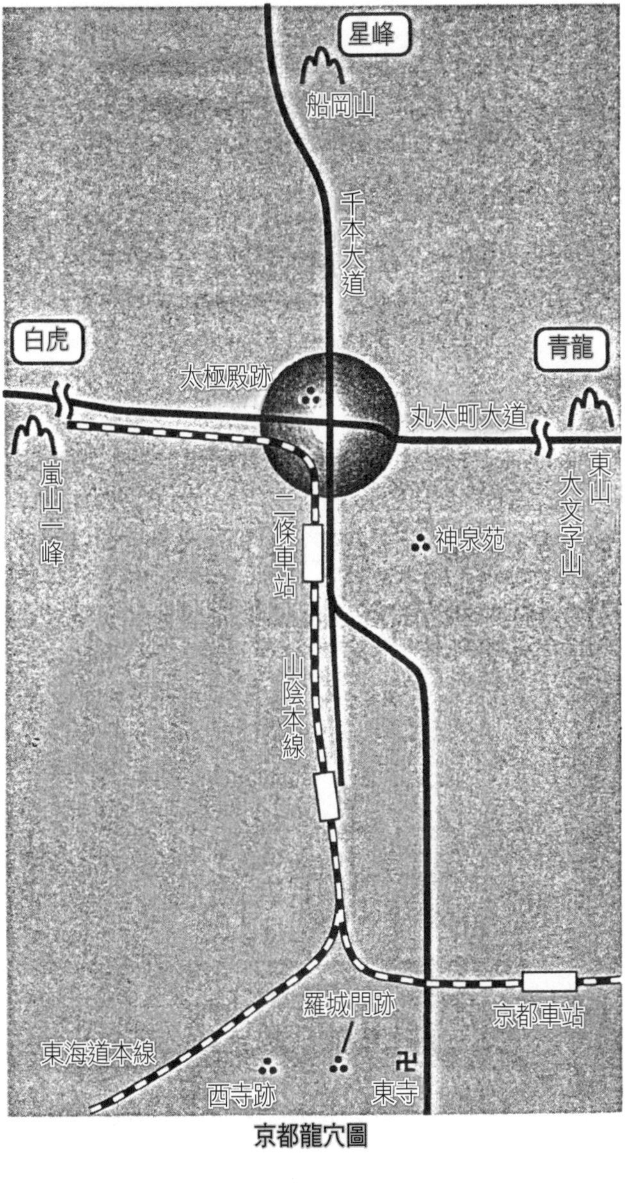
星峰
船岡山
千本大道
白虎
青龍
太極殿跡
丸太町大道
嵐山一峰
二條車站
神泉苑
東山
大文字山
山陰本線
羅城門跡
京都車站
東海道本線
西寺跡
東寺

京都龍穴圖

荒俣先生回答後繼續問道：

「為什麼需要這樣的場所呢？龍如果不飲水將會如何？」

「遠處而來的龍如果不在這裡飲水，龍氣便會消失。」劉先生回答。

此處有必要進行風水說明。風水理論稱龍（**山龍等**）遇水（**川、泉、海等等只要是水均可**）、結穴（**龍穴**），詳細情形容後詳述，而龍結穴絕對需要水，這點希望各位一定要記住，神泉苑即風水上所稱的水。

節目至此內容大轉彎，談到位於朱雀大路最南端的羅城門，以及位於兩側西寺、東寺（**現在仍保留**）等風水的意義，據劉先生的說法，這些是和在神泉苑飲水的龍關係密切的場所。

旁白如此說道：

「飲水後的龍在此蓄勢待發，然後向朱雀大路南方奔馳，羅城門便是為了不使龍的威勢跑出京城外而建設的城門。」

「留在此處的龍就這樣盤旋上空，遍佈整個平安京，東寺的塔及西寺的塔也是相同作用的風水裝置。」

太極殿的模型。平安京首要建築物即太極殿。
京都的龍穴正當此太極殿位置（東京大學建築學科室收藏）

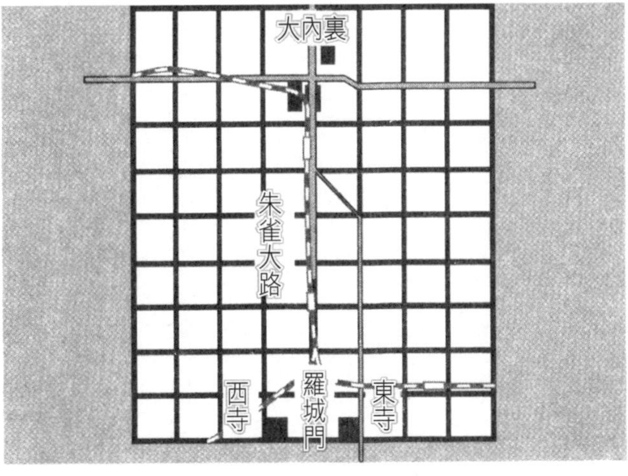

大路、小路井然有序地貫通東西南北並分區的平安京

不但進行上述解說，還利用ＣＧ拍攝從這三處塔向天空上升佈滿平安京的龍氣，看起來非常立體。

即使節目內容有誇張部份，但我看了頻頻點頭，這對外行人而言真是精彩絕倫的說明。

由於印象深刻，我立刻查節目表，標題是『**回首平安京・荒俣宏探尋一二〇〇年之謎**』，這是逢平安建都一二〇〇年的紀念節目，ＮＨＫ還真了不起。

以下我們就進入更正式的風水話題。

神泉苑是京都之龍飲水的場所

東寺的塔具有留住龍的效果

羅城門跡

風水所說的龍有很多種類

風水講求尋找龍穴的技巧，但怎麼找呢？香港劉先生已經述其要點，亦即「龍、穴、砂、水、向」五要素中，穴以外的四要素，本章就從龍開始談起。

依照中國風水師的分類法，龍可大別為山龍與水龍。

山龍是指群山並列，以山為主觀察風水。

水龍使用於觀察沒有山的平野風水，以水為主要觀察對象。

風水視道路為龍的一種，稱為道龍，這和水龍一樣，用於觀察平地風水。

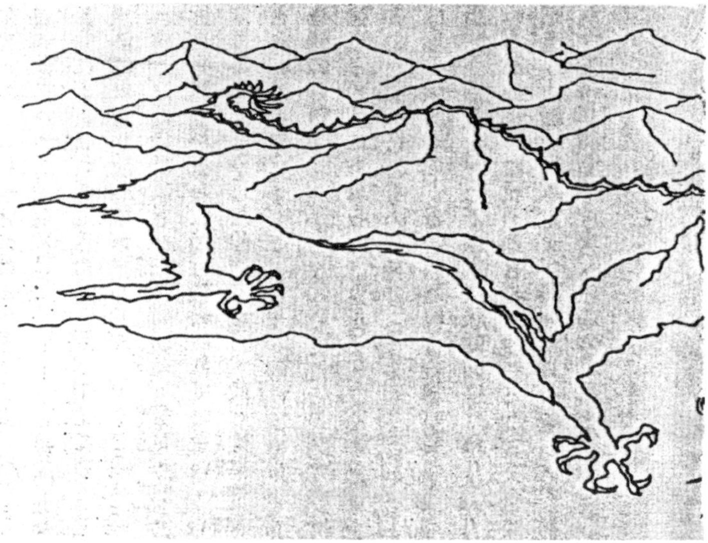

山龍印象畫。從山綿延之姿得出此龍型

由於在平地的龍平坦缺乏變化，所以要找龍穴很困難，因此初學者通常以山龍為入門，本書也以山龍為討論中心。

山龍就是山岳，各位可以想像層峰相連之貌，有高山、有低丘。

一般而言龍（山）上下左右彎曲幅度大、翻滾得厲害者為佳，稱為「生龍」或「活龍」。

相對於此，起伏單調，幾乎平坦無坡的龍稱為「死龍」。

除此之外，山龍還有「強龍、弱龍、貧龍、病龍」等等，但其稱呼、分類未統一。

在眾多分類當中，我採用一般認為最標準的方法，介紹山龍全貌。

龍的分類

強龍：從源流的山（**太祖山**）出發之際，威勢非常強，正如猛虎下山之氣勢，護砂（**後述之龍虎砂**）聚結，在在令人感到威力四射，呈現強而有力姿態的龍，風水上稱為強龍。

生龍：在綿密山中蜿蜒曲折、上下左右脈動，有如一條活生生的龍在大海中翻騰，然後飛躍上天空迴旋盤繞一般壯觀。

順龍：山脈伸展的方式是從高至低循序漸進，而且護砂也一個個地守護在周圍防止氣漏，由於山龍排列順序井然有序，故稱順龍。

進龍：從高層往低層移動時，就如同昆蟲脫掉一層舊皮似的，雖然有些像順龍，但進龍的每一節都像雲朵般，默默地呈現出強而有力的變化。

富龍：延伸方式緩慢，但被眾多小山、護砂圍繞，從上俯瞰，看起來就像帶著許多人一起行進似的，由於外型飽滿豐富，故名富龍。

逆龍：從山龍發展的支脈（**護守左右的砂之類**）與龍的行進方向相反，這種情況下，山龍愈走愈漏氣，所以不是好的龍脈。

退龍：源流山脈低、尾部山脈高，呈現氣勢不足之貌，雖然龍力不足，但仍勉強前進，和前者一樣，也是愈走愈漏氣，不是好龍脈。

弱龍：不但山脈本身瘦而細，而且腳（**龍虎等砂**）短而貧，又有岩或石露出，二有便感生氣薄弱。

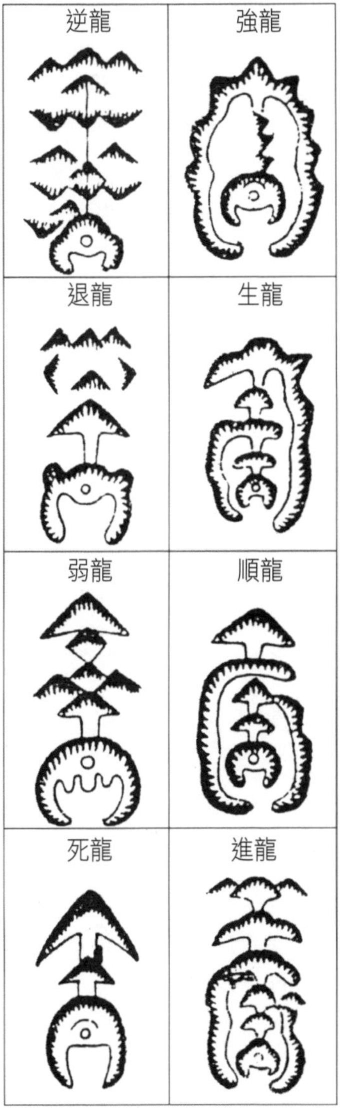

龍的標準分類圖

死龍：山脈起伏無變化，只是單調的平坦狀態延續，這種龍的氣一下子就跑掉了。

卻龍：從源頭起山脈便向四面八方擴散，搞不清楚哪一條是主脈、哪些是支脈，這種情形只能視為山脈聚集，不能稱為龍。

殺龍：山形醜陋而粗糙，好像穿著一件冑甲般，枝腳（砂等等）銳利而破碎。

病龍：沒有氣勢的龍，技腳受到破壞，缺乏護砂守護，更由於人為的濫砍，對龍造成致命的一擊，許多的環境都被不了解風水的人破壞了。

風水術用擬人化的方法來分別龍的不同等級，認為它不是孤立存在和憑空出現的，與人一樣，龍也有父母祖宗。古話云：「尋龍不認宗，到頭一場空。」龍的起源對龍穴的富貴貧賤有非常重要的關係。

龍指的是什麼？

提過龍的各種形態之後，現在將問題移至最重要的部份，那就是為什麼山稱為龍。

要直接回答這個問題很簡單，從清・孟浩所著《雪心賦正解》一書中即可找到答案。

「龍者，山之行度，起伏轉折，變化多端，有似於龍，故以龍明之。」

所以龍是指山脈的走向，由於有高低起伏、蜿蜒曲折、變化等各種現象，形狀與龍相似，故稱山為龍。

這是清代風水師孟浩的註解，簡單扼要地說明了為什麼山稱為龍。

像這種脈脈相連蜿蜒曲折的山形稱為龍，因此毫無變化的山脈就稱為死龍。

如活生生的龍一般的山形，風水用語稱「真龍」，亦即真的龍。

「如果龍是真的，穴也是真的。如果龍是假的，則穴便是假的。」

當然，也有可能龍是真的，但周圍的砂、水不壯觀，這種情形另當別論，但只要龍是真的，最低限度即可發現龍穴。

龍的鑑定法

好的山龍應該擁有下列條件：

①蜿蜒曲折，其貌活潑。

②源頭高山雄偉，漸漸降低。

③姿態優美。

④岩、石沒有任意露出。

⑤中途沒有被破壞的跡象。

從以上條件即可簡單判斷出龍的好壞。

再來介紹可以使用的龍、無法使用的龍：

①可以使用的龍：像生龍、活龍、強龍之類強勢的龍。

②無法使用的龍：像弱龍、死龍、逆龍、病龍（**斷龍**）之類貧弱的龍。

其中病龍（斷龍）若施予一些風水技巧，仍有起死回生的希望，容後詳述。再詳細介紹「生龍」、「活龍」。

是實際上活生生的，也就是真的有生命存在？還是將山的姿勢擬人化而已？先前為京都診斷風水的劉先生回答得很奇妙，彙總如下……。

「京都的龍形在北邊蜿蜒曲折而降，左大文字處即其頭部。」

「下面的丘陵是星峰，龍向著那個方向。」

「京都之龍沿此道向正南方走。」

「順此道而下的龍在這裡冒出地面飲水。」

「如果龍不在這裡飲水，其氣便會消失。」

「飲水之後的龍在此處蓄勢待發，順著朱雀大路往南奔馳而去。」

各位是否注意到奇妙之處？他（最後一句是旁白）對龍的形容就像生物一樣。

我想他對龍的描述異常生動，這應該是擬人化表達法，但發源地中國的風水師們，對龍及龍穴的表現請看下面一段。

「龍者何？山之脈也。土乃龍之肉、石乃龍之骨、草乃龍之毛。」

這是清・葉九升所著《山法全書》中有關龍的記載，有如描述某種動物。

再看鄭思肖撰《所南文集「答吳人間遠遊觀」地理書》，另外一段。

「世人肉眼不見身內支脈節節有條理，竟以此身為塊然之肉。世人肉眼亦不見地底支脈井井，有條理，亦竟以大地為塊然之土。」

世人們肉眼看不見體內血管、經絡等構成的樣子，以為身體只是單純的肉塊。世人們也看不見地下水脈、氣脈等均是有機物，以為大地只是單純的土塊。

這是將人體與龍體呈現對比表現，努力想使人們了解龍的本質。

類似說詞還有很多，每位風水師都將龍表現成一個生命體。

實際上，古代亦流傳類似實例，茲舉二、三例供讀者自行判斷。

龍也會從某處逃出?!

據說好不容易才發現的龍，也會由於某些差錯，使得龍逃跑、風水作用消失。故事中的賴布衣，原名賴風岡，字文俊，又號稱「先知山人」。是宋代有名的風水師，依傳記記載，他踏遍中國全土，只為尋找最佳風水場所。

以下是發生在他父親身上的故事：

——賴布衣，江西定南風崗村人，之父名澄山，父子二人均精通風水，澄山在父親（**賴布衣的祖父**）往生時，踏遍廣東群山苦尋風水，最後終於找到名為「斑鳩落田陽」的名穴。

此穴附近有個洞窟，正好遇到驟雨，賴澄山於是飛奔入洞內，這時目擊到不可思議的景象。約二丈（**六公尺**）高的巨大斑鳩從北方飛來便立刻消失在洞窟前的山間。怎麼會出現這麼大的斑鳩呢？太離奇了！他認為是山的精氣凝聚成這隻大斑鳩。

當雨勢稍歇，他走出洞窟眺望群山，終於有所覺悟，原來山勢被大鳥瓜分為二。

過了幾年，到了適合埋葬的時期，賴澄山挖出父親遺骨，移往斑鳩落田陽。首先依風水術挑選最適合下葬的吉日、吉時，並花費數日準備儀式。當天下著小雨，一行人扛著棺木向斑鳩落田陽出發，好不容易到達目的地之後，便開始等待吉時，時辰也是賴澄山依風水術挑選的。

時辰到了，一行人隨著風水儀式，準備將裝有遺骨的棺木入穴。就在這時候，有位隨行者突然尿急，便急忙往山裡跑去，賴澄山嚇了一大跳，大聲制止，但說遲時那時快，隨行者已經開始如廁了，賴澄山悲痛得大叫：

「啊！完了！完了！」

一瞬間，大地發出咚隆咚隆的聲音，大地如波浪般翻騰起來，一陣巨風使得砂飛石舞。

賴澄山大叫各位趴在地上，隨之天覆烏雲，雨勢伴隨強風而至。

風雨交加的狀況持續約半小時，然後一切歸於平靜。賴澄山告訴大家：

「此穴正當斑鳩頸部位置，我依風水法事挑選斑鳩最安靜的時刻下葬，沒想到卻因某人小便，污物震驚了斑鳩，使它飛奔而去，現在這裡已經沒有龍的精氣了，大家下山吧！」

一行人聞言，沮喪的隨賴澄山下山。

這是一則好不容發現高貴風水地，卻因無心者的不敬，使龍氣喪失的例子。

在此以斑鳩比喻龍，是因為龍、穴、砂、水等風水景緻與斑鳩形狀相似，詳細內容於龍穴一節再說明，各位在此只要留下以斑鳩比喻風水的印象即可。

再介紹一則故事，這反而因龍氣進入改變風水而獲得大成功。

——張元忭是明‧隆慶帝（一五七〇年左右）時代的人，高中狀元。

這位張元忭少年時家境貧窮，所以只能在稽山門外的香爐峰僧舍裡苦讀，他相信自己有朝一日必可金榜題名，所以在居室張貼「壯圖」二字，早晚面對這二字勤學，但十多年來，始終未能如願。

香爐峰南側有座蓬山，奇妙的是，蓬山的山形及山中樹木均背向香爐峰，不知是否與此有關，當時這地方流行一首童謠。

「蓬山若向我，狀元可達清河。」

張元忭尚未得志，聞此童謠覺得好笑，便振奮精神高唱：

「蓬山還不動嗎？不要辜負壯圖人的理想！」

隔了幾天後的一個夜晚，張元忭做了一個夢，一位老人來到他面前行禮，並表示有事相求。

「不瞞你說，我是這座山的龍，在此潛心修行一千年了，如今修行成功欲飛上天，但卻遇到小阻礙。」

「事情是這樣的，閣下日夜苦讀的房間，便是我飛出地面的龍穴，如果可以，希望你在後天午時（十一～十三時）暫時離開這個場所，到別處讀書，如此一來，我就能從這裡飛上天，如果失去這次機會，我飛天的日期將會延遲三百年，如蒙答應，不勝感激。」

張元忭在點頭答應時醒了過來。

隔二天午時之前，張元忭依照夢境約定離開自己苦讀的房間。

到了午時，巨大聲響從他房裡傳出，地面叭喇叭喇地崩裂，接著從土中飛出一隻巨大的龍，勢如破竹地往天空飛去。

就在巨龍昇天之際，天覆烏雲、閃電四射、雷聲大作，大雨隨之降下。

龍昇天後，回頭向張元忭點頭四次，以示謝意。並大聲對張元忭說道：

「我知道閣下希望童謠能實現，由於你幫了我一個忙，現在我也將使蓬山轉向，做為謝禮。」

當天風雨雷電交加，有如天旋地轉般地激烈。

隔天早晨，待雨勢稍歇，張元忭急忙打開窗戶向外遠眺，他不禁愕然，蓬山的山形、樹木均彎向這方，好像向他行禮似的。

過沒多久，張元忭即高中狀元。

住在香爐峰附近的人，終於了解那首兒歌「蓬山若向我，狀元可達清河」的意思。原來張元忭是清河人，蓬山轉向便順了壯圖人之意。

向天空放出奇妙光芒的麒麟穴之龍

聽了上述二則故事後，我們可以了解，風水中所謂的龍，並非只是山脈、土塊而已，但也許有人認為，那是古老的傳說，可信度不高。好，我現在就向各位介紹現代故事。

故事的主角是台灣靈能者，盧勝彥先生，他不但是位靈能者，而且是一位優秀的風水師，以下是盧先生約幾十年前在台灣台中的大肚山之親身體驗。文中「我」指的就是盧先生本人。

——龍井位在沙鹿與大肚之間，大肚山的龍延伸至龍井結成龍穴，然後隨著大肚溪緩緩而流注入，創造出渾然一體的景觀。

面向龍井的右側山上有一龍穴，此穴名為麒麟穴。這實在是一個非常不尋常的穴，因為它時隱時現，有位長於此的長者向我說出秘密。

「這個龍穴可不是普通的穴，它忽隱忽現，一般都是處於隱閉狀態，至今只知道它出現過二次，而且都是在夜裡，從山麓望去，可以看到一片鮮明的光往天空飛去，此時滿山遍野一片光明。」

探究其來源，昔日有位中國優秀風水師來台灣四處尋找龍穴，發現了幾處相當不錯的龍穴，大肚山附近也是他尋找龍脈之處，最後找到了麒麟穴。

他為了告訴後代世人，如果發現這處絕佳龍穴，一定得善加活用，於是將這段事實刻在石碑上，準備將石碑埋入土中。

石碑完成後，他挑選風水吉日，雇了二位工人在晚間將石碑運上發現龍穴的山，這時天候突然一變。

二位工人掘穴將石碑埋入土中，再將土覆蓋上時，突然雷聲大響、大地震動，二位工人一瞬間一人口不能言、一人眼不能看，而風水師在一旁看到此景後，飄然不知飛向何處。

剩下二位工人都已經不正常，無法正確指出麒麟穴的位置。

很多風水師都知道這項傳聞，大家拼命找，但誰也沒找到。

其中也有風水師表示自己找到了，要顧客將墓地建於麒麟穴上，但這些都是假的。

我也為了尋找麒麟穴而數度登上大肚山，這天也一樣。說起附近的景緻，風非常強，土質呈黃灰色，四周種植很多地瓜、甘蔗，有二處小相思林，繼續往山上走，道路右側有古墓，從此處可眺望全山。

此穴之龍即大肚山，其形為麒麟貌，龍脈應該是在麒麟的背，麒麟的尾部漂亮地呈現出來，但為什麼頭部潛入大地中不露出呢？由於頭部消失，所以護衛兩側的龍砂、虎砂也看不見。

圍繞周邊的水流是大肚溪，但因龍頭不見，所以很難找到穴。

此處風從右側呼嘯而過，附近除了二處相思林外，根本沒有擋風的場所，風砂強烈襲擊著，想長久佇足於此尋找穴並非易事。

《地靈秘笈》（盧先生的風水秘傳）中有如下的記載：

高山雜阜，隱藏秀氣。俗謂高山無穴，殊不知為其氣隱閉之故。若能點出，乃萬象呈祥，至貴之所也。高山中有貴穴，如同人心之聰明屬肝腑。

對於麒麟穴，我推測如下：

台灣靈能者盧勝彥先生
他不僅具備靈異能力，並且精通風水。

大肚山周圍的龍脈圖。此地有龍穴，稱為麒麟穴，盧先生是在夢中受指點而得知。

「首先，龍氣順山而下，一度潛入大地中，其能量再度從地中旋轉上昇，在地上形成極小點狀，因為大地之點太小，所以很難找到……。」

回家後，我跪在佛前為世人請命，祈求託夢指示麒麟穴正確位置。

當天夜裡，我在夢中再度登上大肚山古墓上，不一會兒，驚人的事發生了，我看見巨大的麒麟頭抬起來，我站的位置是尾部。

麒麟的雙眼發出鮮明的亮光，其光照得滿山如白晝一般，我的目光從麒麟頭部往背部移動，這時發現了先前二座古墓，這二座古墓正好位於正中央稍前處，上頭也呈現鮮明的圓形光芒。

「啊！是那兒嗎？知道了！我知道了！」在歡喜中從夢裡醒來。

隔天，我再度登上大肚山找尋麒麟穴，從昨日夢境與實際山形找尋正確場所。

同行的二位友人登山一看，全都愣住了，昨天還隱藏在地底的麒麟頭部，現在已經露出地面。麒麟穴的位置清晰可知，就在夢中所見二座古墓附近，我在當地做記號以紀念發現龍穴之事——。

如何？各位可以掌握活生生龍體的意義了嗎？

當然，它不能說和普通生物完全一樣，但可以肯定它表現出一種生命，如果你想像中國風水師一樣了解風水，就一定得發揮你的想像力，只有具備這種潛能的人，才有可能看見龍的姿態。

按：蓮生活佛，俗名盧勝彥，一九四五年生於台灣嘉義，是真佛宗的創辦人。中正理工學院大地測量系畢業，以寫作、繪畫、開示等方式弘揚真佛密法。全球皈依弟子逾五百萬，包括眾多知名的西藏活佛。

病龍的各種治療法

了解了生龍之後，你了解死龍、病龍名字的由來嗎？如果將龍視為生物，則死去的龍即為死龍，生病的龍即為病龍。

第一章介紹英國人在中國架設第一條松滬鐵路的故事，這正是病龍之最佳實例。

我在風水起源地之一的台灣也發現了幾個病龍實例，每一處都慘不忍睹，即使不了解風水的人，一看也知道「這個不行」。

其中一例是，隨友人張先生四處進行風水研究時在台中市郊外所見，其狀悲慘，龍的背部已支離破碎，打聽之下才知是煉瓦工廠在當地採取原料而破壞。日本人也一樣，往往以眼前利益為訴求基礎，渾然不知大好風水已經毀在自己手中。

另一例與其說是病龍，我倒覺得與斷龍比較吻合。此處距離比較近，所以能

在台中象鼻山發現的斷龍實例。為了建道路而切斷龍砂。

圖右上方即涼亭。

拍攝到照片，如照片所示，為了建道路而切斷龍脈。

地點就在台中象鼻山這個有名的風水地，為了開發成大規模公墓，並使掃墓者方便，於是風水的左側部份，亦即青龍砂被切斷做為道路。

「你看，這裡被切斷了！」

張先生指著山丘上的涼亭說道。

「建在下面的墓真悲慘，好不容易從上流下的龍氣，竟被阻擋了。」

一般說來，龍脈被切斷後，其周邊會顯得荒涼，從龍穴與個人關係而言，家族會凋零、衰微，有些只是單純喪失龍氣而已，但有時則會引起大動亂。

以下介紹幾則實例。

——香港某村隨著道路建設，村民陸續有人死亡，村中有力人士責怪政府切斷龍氣，村民們議論紛紛，如果再這樣下去怎麼辦——？

如果只是輕微地破壞龍脈，可以利用一些風水技巧修補。如以下例子：

——政府沒辦法，只好運土填道路，並在上面植草為龍療傷——。（Sarah Rossbach『Feng shui: The Chinese Art of Placement』）

辛辛苦苦挖路後，為了替龍治病，再度將土埋在相同場所。

再介紹一則與病龍補修有關的實例。

——一九七七年，香港政府計畫建一條道路通往新界農村，經向村民說明後，卻遭到村中有力人士猛烈反對，他們表示：

「這條道路會破壞龍的腳趾，如果惹得龍生氣，必定會施予報復，希望工程能停止。」

這時，政府部門中有精通風水者眺望此地風水後，指著地圖反駁道：

「從地圖看來，這條道路並不會切斷龍的腳趾，只是稍微切到龍的腳指甲而已，建道路不但對你們有助益，而且不影響龍形，是件對風水有利的工程。」

村民與政府人員幾度溝通後，雙方達成招議，政府在通往山上的道路建佛塔，以使龍平靜——。（Sarah 前著）

風水視佛塔之類高塔為天與地之間溝通氣的橋樑，關於這一點，日本京都的羅城門、東寺、西寺等就是最佳實例。

像這樣，不但政府能進行公共工程建設，也能兼顧到對傳統的尊重。

輕微損傷可依上述方法修補，但重傷可就沒辦法了，普通而言只好放棄。不過仍然有了不起的風水師可以運用巧妙技術，使瀕臨死亡邊緣的龍起死回生。盧勝彥先生就告訴我一則幾十年前的實例，文中的「我」指的就是盧先生本人。

用自己生命換龍生命之秘法

——從台北沿西海岸的南下火車，約二小時可以到達竹南，現在走高速公路大約一小時就夠了。

竹南北方有座尖筆山，山上約有五十戶人家，均從事與山林有關的工作。有時我和屬下黃春風一起入尖筆山測量，都受到村民們熱情的款待。

有一天，山上舉行郁大人廟落成儀式，我們二人也被邀請參加慶祝餐會，在談笑飲食中渡過愉快的時光。突然有一位老人嘆息著說道：

「這座山以前風水很好，可惜現在……」

我聞言接道：

「是啊！真可惜，龍脈被切斷了。」

老人以吃驚的口吻說：

「年輕人，你也懂地理（風水的別名）啊！」

於是我指著山前凹地說道：

「這是雙龍朝陽穴。是昔日一位高人所點出的穴，但由於煉瓦公司的挖掘，很可惜，這麼難能可貴的好風水現在已經不行了。」

「後來雖然了解這座山的土質不適合煉瓦，但山被破壞的情形已成定局，由於龍被破壞，龍氣因此消失，這間郁大人廟一點也得不到大地之氣，你們今日舉行盛大祭典，不也和此事有關嗎？」

「佩服佩服，年輕人，你是哪一位先生的門下？我是福建三元堂的門下，研究風水四十年，老實說，這麼精闢的見解還真不簡單，是不是可以告訴我，你是哪一位的門下生？」

「教我風水的是在青城山學仙道的清真道長。」

「清真道長？沒聽過！」

「清真道長只是一個人靜靜修練仙道，從來沒有為人看過風水，由於和俗世間沒有來往，理所當然沒有人認識。」

老人聞言還沒體會過來。

「那麼，請為我看看這間廟如何？」

說著，帶領我到廟前，黃春風及一些村人津津有趣地跟隨在後。

我詳細觀察廟及四周，廟本身並不大，當中有八寸（約二十四公分）的郁大人金箔像，以及二尊不知名的神像坐鎮，那時我根本不知郁大人是誰。

再往內部觀察時，我向老人說道：

「八卦黃金爐倒吊，廟門用三支柱子隔開，這和廟內使用的七支柱子正是五營兵馬的通道，其緣由正是要利用此靈力，再藉著上中下三個門打開，加上七支柱子所發揮的神力，使散失的大地靈氣聚集後，利用倒吊的八卦爐吸收，是不是？」

老人聽了解說後，非常吃驚地目瞪口呆，不一會兒才緩緩詢問：

「你是不是學過《地靈經》？」

「《地靈經》是什麼？」

從沒聽過這本書名，於是我不假思索地問道。

「《地靈經》是天下至寶，也是學習風水者夢寐以求的秘笈，我花費畢生積蓄才在福建三元堂學到這些技術，清真道長究竟是什麼人？能夠授你天下不傳的秘密，真了不起！你花了多少錢？」

「一毛錢也沒花。」

「胡說。」老人一點也不信。

「是真的。」

「哦！那麼可不可以告訴我們，這間郁大人廟何時能發揮靈力，馳名四方。」

我一直注視廟堂上的八卦圖回答：

「十二年以內……」

「年輕人，我真佩服你。實際上也是如此，我在八卦圖上配置了十二宮。相信你有這種風水能力，必定終身無困難，不，這麼年輕就擁有這種技術，一定可以發大財，要不了幾年的。」

老人雙手合掌祝福地說道。

「想請問長者，郁大人為何人？」

這是我一直以來的疑問。郁大人的像塗上一層金箔置於上座，但用靈眼卻不見其靈體。

「你也注意到了嗎？這裡說話不太方便，我們到旁邊去。」

說著，老人牽著我的手往附近樹林中，然後恭敬威嚴地回答：

「事實上，郁大人就是我。」

「哦！」

我輕輕點頭。秘密是這樣的。

老人將自己的四柱八字（**十干十二支之生年月日**）刻入八卦圖內吊於廟堂上，再將自己的毛髮、指甲嵌入郁大人像的中心，藉此修法在十二宮結束之年，亦即第十二年，老人便壽終正寢，死後存在的靈進入郁大人金像內，成為尖筆山的神仙，利用這個方法將消失的大地龍氣再聚集起來。

這屬於奇門遁甲（**方位學之一**）靈法之一，以前清真道長即授過此法，所以

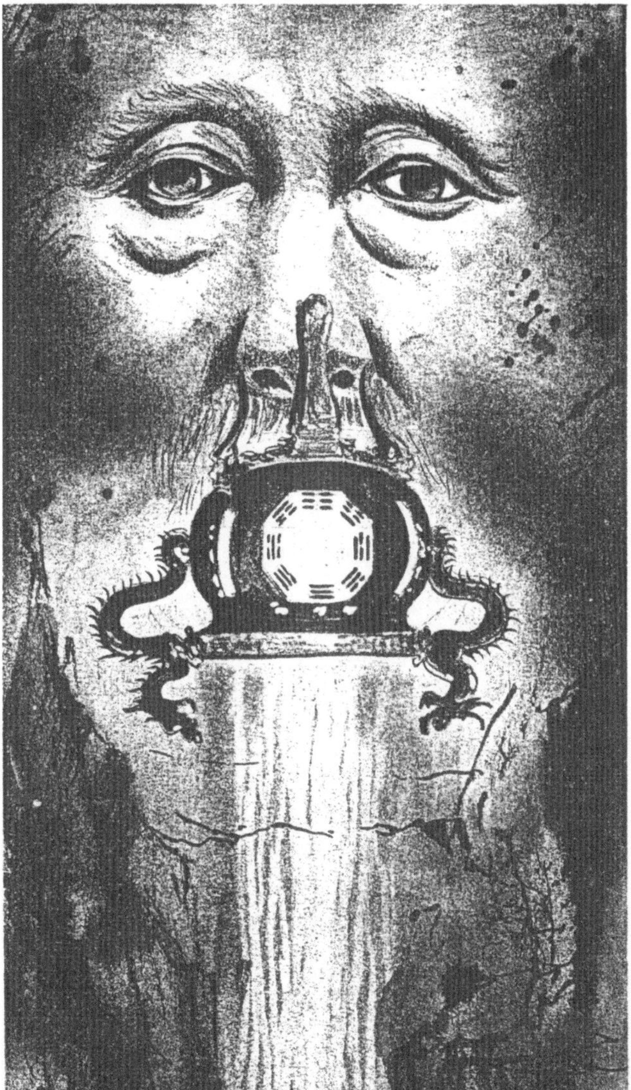

我一看老人的做法便推測出這個結果。但這是以命交換的修行法，只要稍有差錯，就只是縮短生命而已，並沒有其他效果。

這有一點像鬼故事，總而言之，就是用自己的生命換取龍的生命。

相信大家對龍已經十分了解了，以下我們進入護守龍穴的砂，以及留住龍氣的水等問題。

第二章

水留住龍，砂守護穴

解開風水之謎的砂與水的作用

風水稱上下左右扭曲、在大地自由奔放的龍，一旦遇水則結穴。先前香港風水師劉先生表示，龍「為了喝水」而停止前進。關於這一點，晉代郭璞所著風水書《葬書》有如下記載：

氣乘風則散，遇界水則止。古人聚之使不散，行之使有止，故謂之風水。

氣隨著「風」的作用而消散，但如果有「水」，則可將氣留住。古人使氣凝聚不散的風水技巧，便是利用穴留住氣，由於與風、水有密切關係，所以這項技巧便稱為風水。

這是與風水一詞語源有名的一段。為什麼這項技巧稱為「風＋水」呢？

香港風水師李人圭做了現代註解。

「風水是吸收大地之氣的學問，氣可藉水而留住、儲存，但風會將聚集的氣吹散。

從古人長久以來的經驗得知，被強風吹襲的土地，地氣消失殆盡，而水分不足的土壤，因貧瘠而無地氣聚集。風與水和地氣之聚散有密切關係，所以發展成以風水為名的學問。

風水的形態，一言以蔽之，就是『藏風聚氣』，也就是防止風吹散地氣之義。受強風吹襲的土地，容易使氣零散，若缺乏水，則地氣會枯萎，如此一來，生物陸續死亡、樹木不斷凋落、土地最後成荒地，形成了現在所謂的砂漠。」

李人圭先生文中適切的說明了風水的意義，並道出風水的現實效果。

晉代有名方術家・郭璞

風水為了擁護龍，左右一定需要砂，左右的砂就是像先前所述平安京的青龍、白虎。為什麼一定需要砂呢？其實就是為了「藏風聚氣」，否則「被強風吹襲，地氣將消失殆盡」。

除了風以外，還有其他破壞地

氣的東西，例如太陽光。太陽光是生物生存必需品，但在沒有遮掩處受強烈日照，當地會呈現枯萎狀態，砂就是防止這種狀態的必需品。換句話說，所謂風並非只是風而已，最好廣義解釋成風土或氣候（空氣、大氣的狀態）。

當然，不是只防風、防太陽照射即可，如果完全防止，則其處將成陰氣場所，與砂漠沒什麼二樣，一定要求中庸才行。

砂的作用是使土地呈最適當程度，從周圍繞住龍穴，不使地氣散失，防止大地受太陽直射而乾裂，也就是防止地氣乾燥、過濕、寒冷，使大地成為具有優秀條件的場所，這些便成為砂的目的。

相對地，水的作用便是留住龍，也就是郭璞所謂「遇界水則止」的作用。為什麼呢？各位請想想先前李人圭的說明。「若無水，則地氣會枯萎」。平安京的風水，劉先生也表示「龍若不喝水將使龍氣乾枯」。缺乏水氣的土地上之龍穴，只是一塊塊乾裂的砂漠而已，龍是不可能一直待在這種地方的。

無論從任何角度看，風水這個名稱的由來，與砂、水有密切關係，所以以下我們就從砂、水的各項作用詳細考察。

圍繞龍穴的龍虎二砂

首先談砂的部份。砂也是山的一種，但非龍的主脈，而是其分岐部份，若將龍的主脈視為胴體，則砂即手或腳的部份。

正式稱為龍虎砂。風水是指穴兩側的山。左山稱青龍、右山稱白虎。

看到這裡，稍有風水知識的人也許會問：「不是東方青龍、西方白虎嗎？」

其實就像京都一樣，並非只有以北為背山者才是好風水，很多情形都是從龍、砂、水之間的位置關係論整體東、西、南、北向。

因此正確說法應該是，此穴為中心，龍脈為背，右側山脈為白虎、左側山脈為青龍。

龍虎砂有二種：

①本身龍虎：亦即穴的正後方向兩側延伸出的岐脈形成龍虎砂。

②外山龍虎：穴的正後方山脈沒有分岐龍虎砂時，從山後的山脈延伸出龍虎

砂，或者從別處延伸過來的山脈，也可代替龍虎砂。

不論本身龍虎或外山龍虎，其擔任護守穴的任務都是一樣的，但據風水師們的說法，外山龍虎沒本身龍虎來得正格，因為外山非父母所直出。

事實上，龍虎二砂完整呈現的例子少之又少，不是這邊欠一角，就是那邊缺一角，不平衡形態呈壓倒性多數，這種砂和無砂一樣不好。

怎麼說呢？因為一邊有欠缺，龍氣便會溜掉，或者由於缺乏平衡，使得土地受風吹日曬而惡化，無法達到「守護龍穴」的主要任務。

但也不能絕對視為凶，如果有其他條件，例如有水，則有可能反而帶來好作用，這時候就不能只單純視為無砂了。

以下再深入說各種砂。

缺左或缺右的砂可藉水的幫助而成吉相

只有龍砂或虎砂的情形，風水稱為單堤，只有白虎稱為「右單堤」，只有龍稱為「左單堤」。

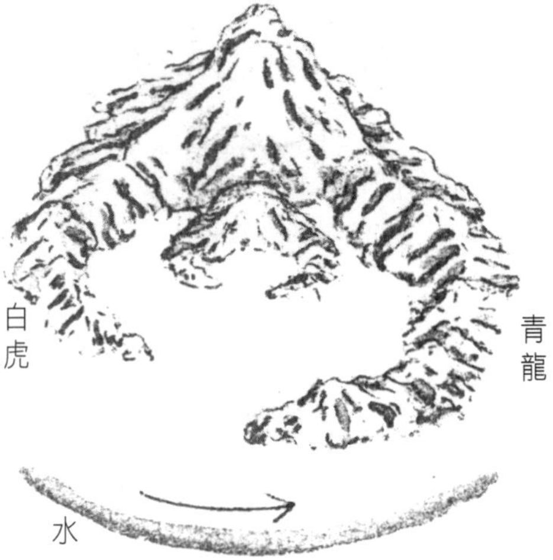

本身龍虎

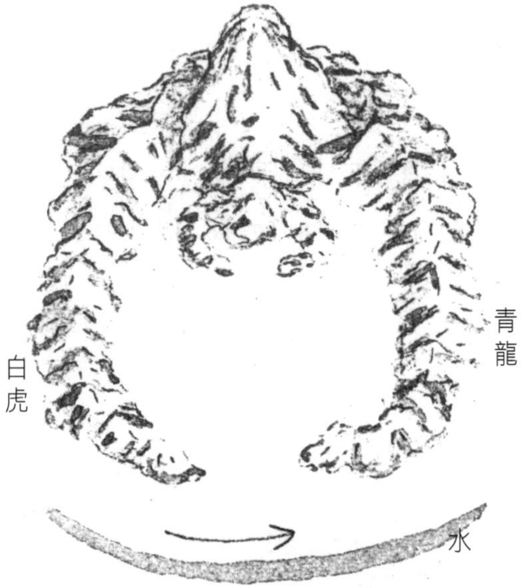

外山龍虎

普通這種情況與無砂一樣不好，但這時如果有水與砂呈反方向流過來，然後再沿著砂流去，則另當別論，這種情形稱為「下關砂」據說能帶來財運（**水在風水上象徵財**）。請看下頁圖。

①對於左單堤而言，水從左方來。

②對於右單堤而言，水從右方來。

因水而論吉凶，與無砂（**西方均缺乏砂**）狀況有點不同。

左右砂之一方異常大（高）

這種情況下，高的一方能發揮威力。

①青龍砂高時沒有問題，因為龍的象意中沒有凶意。

②白虎砂高時即凶，因為白虎有「傷人」的象意。

而這也可能因其他要素而改變。

右單堤下關砂

左單堤下關砂

明堂與朝案山具有調節穴前之氣的作用

現在談一些與砂相關的穴前風水要素。

此要素有水、明堂、朝案山三項。山的部份容後詳述，此處只論明堂與朝案。

明堂

明堂是指穴前面平坦開闊、水聚交流的地方。其在風水上的重要性可從下段《雪心賦》文章看出：

入山尋水口，登穴看明堂。尋龍先求氣脈，點穴先定明堂。

如果想入山觀察龍，請尋找水口（水的來向、去向），而想登上龍穴，則請注意穴前明堂。

為什麼這點這麼重要呢？再看下段文章：

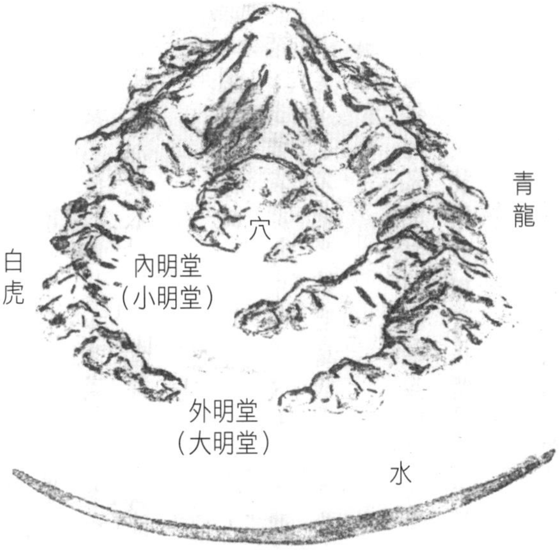

明堂圖

從明堂之有無，辨龍穴之真假。

想要知道這是真穴或假穴，就得先看龍穴前有沒有明堂。

亦即穴前無明堂為假穴，穴前有明堂才是真穴。從這層意義來看，明堂地位相當重要。

明堂有下列二種：

①**內明堂**：穴前平坦土地稱為小明堂。

②**外明堂**：位於穴前，但距離稍遠的平坦土地稱為大明堂。

明堂必須寬廣，如果根本沒有明堂，則即使結穴，在風水上也視為無用。

朝案山

即朝山與案山，指穴前的山丘。近而低者稱為「案山」，遠而高者稱為「朝山」，同樣是位於穴前，但作用並不相同。

①案山：案山具有吸收穴前龍氣入內、阻擋外來氣的作用。

②朝山：朝山與穴星（**先前提過的星峰**）相呼應。其關係若以穴星為「主」，則朝山為「賓（從）」，賓主均有情，亦即彼此不與對方唱反調的形，即成精彩格局（**方位配置**），只有主不算好格局，兩者配合的程度對財運影響很大。

關於此，有二派完全不同的意見。

①朝山的影響很重要派：這一派認為朝山對穴有相當重要程度的影響。例如，朝山之形醜惡稱為「惡賓欺主」，往往招致無妄之災，同意這種說法的風水師很多。

②朝山的影響不怎麼重要派：雖然有些影響，但卻不是那麼嚴重的程度，其根據原典為：

且座下尋正龍位，雖無朝山亦尊喜。

如果有真龍穴，則雖無朝山亦無妨。

換句話說，只要有真龍（活龍）穴就好，朝山等問題並沒什麼大不了的。

反之，若龍非真，無法凝聚生氣於穴時，朝山就有必要了。朝山形狀之優，

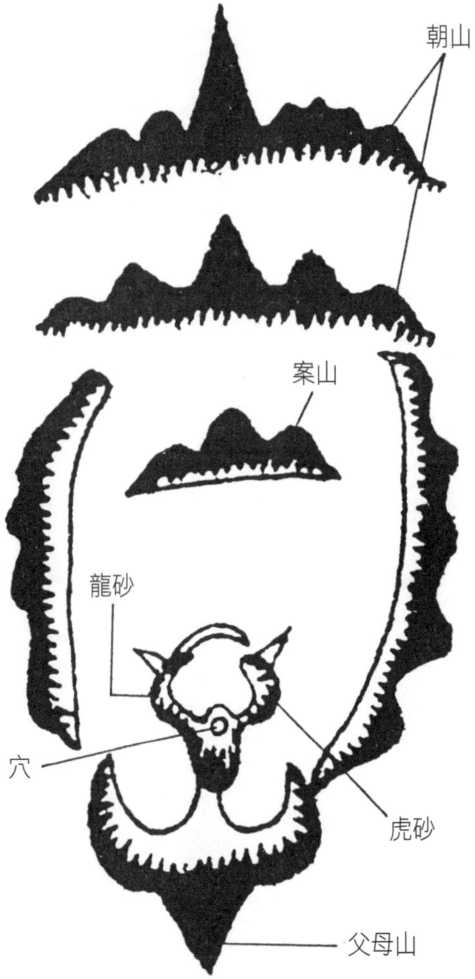

朝案山

足以彌補龍穴之缺點。

那麼，既無真龍亦無朝山、案山的時候呢？

這時只要穴前有一點點高地，就視為朝案山，亦即「高一吋即為山」。

詳述過砂、明堂、朝案山之後，現在談結論。

這些設備均為防阻穴氣外漏，各位大概可以了解為什麼圍繞穴的山形如此重要了吧！沒錯，一切都是不讓穴氣外洩，這就是對於「真龍」的「砂環」。

砂環

在風水術中，人們慣常把穴地周圍的山稱之為砂。所謂「砂環」，是指穴地背側和左右山勢重疊環抱的大好自然環境，即穴地前面的山（**朝案山**）與兩側的山（**龍虎**）圍住穴的形狀，如果欠缺砂環，則好不容易凝聚的氣也會被風吹散。砂環是藏風的主要條件。

以下談水。

好的龍穴旁湧出好泉

『平安京之謎』節目中，各位似乎看到風水師很簡單就斷定船岡山是星峰（**在此處下方結穴**），並從左右砂找到龍穴位置。實際上如此順利的例子很少。一般而言，不先找出水的位置，很難判斷穴的位置，龍穴尋找的順序應該是龍（**脈**）↓水↓砂↓穴……。

而水在風水上是什麼呢？川、水龍是什麼？神泉苑般的池又是什麼？一言以蔽之，只要有水就好，什麼都可以，泉、池、河川、溪流、小川、海等等，在風水上均稱為水，現代香港陽宅風水甚至將游泳池也包含在內。游泳池是有些極端（**並非錯誤**），不過中國自古即將井、人工池等視為水的一種加以利用。

「龍遇水留、在此結穴」，實際上並非什麼水都好，必須挑選品質，好的龍穴旁會湧出水質極佳的泉，這是自古流傳下來的說法。

風水上關於這點是這麼說的。

「真的龍穴之地，其水甘美澄澈，這是因為龍的真氣凝聚於此之故。」

特別有名的稱為嘉泉或香泉。以下介紹《地理人子須知》的記載。

嘉泉者，其味甘，其色瑩，其氣香也。亦曰甘泉。澄之愈清，混之難濁，春夏不盈，秋冬不涸，暑涼寒暖，四時瑩澈。此泉至美，陰穴近之，乃龍氣之旺迸裂不禁者，大富貴地方有此應，亦名真應水。陽宅有此嘉泉，居民飲之，富貴長壽，一方多慶。

嘉泉味道甘淳、顏色透明，又稱為甘泉。水質澄澈清亮，不管流到何處都清澈依然，即使外物加以混淆，也不易混濁，春夏不會滿、秋冬不會枯。不論暑涼寒暖均保持透明。此泉極美。位於龍穴附近、龍氣聚集……，就如同在大富貴的土地上做記號一般。如果陽宅房子有此嘉泉，則居住者喝下此泉後，必定富貴長壽、喜慶連年。

接著介紹張九儀《地理琢玉斧》香泉的記載。

香泉，其色清，其味甘。而且微香，比嘉泉更美者，吳景鸞飲婺源朱天子官

坑嶺下泉，知有翰墨香，主理學名臣，享祀千秋。

香泉色清澄、味甘美，比嘉泉更香、更美。吳景鸞就是飲了婺源朱子官坑嶺下之此泉，才了解翰墨（上等墨）之香，理學（學者）名臣出世，永遠被推崇。

李人圭曾針對此寫下一則逸話，各位從文中可以更了解香泉。

——北宋時代有名的風水家吳景鸞，與弟子洪士良尋龍脈至江西省婺源丹陽官坑之地。

時值盛夏，二人被暑氣逼得受不了，洪士良汗流浹背，口乾已經到達忍耐極限，就在這時候，他眼睛出現一條溪流，走近一看，的確是澄澈的溪流，他興奮地一口接著一口喝。

「好甜——！」

甘泉通過喉嚨，滋潤五臟六腑。

就在渾然忘我中，老師吳景鸞走近身旁。從弟子陶醉的神情，老師推測這一定是不平凡之泉，於是自己用手掬水喝了二口，突然，吳景鸞眼睛一亮，趕緊跑向弟子抱住他叫道：

「這泉甘香味美，好龍穴一定就在附近，也許此穴會出現大富大貴如孔子般的大聖人！」

洪士良起初還不知道老師怎麼了，但一聽到龍穴出現，立刻湧出興趣，老師吳景鸞緊緊拉住他的手，振奮精神地往前邁進。

走著走著，吳景鸞突然停止腳步，原本拉緊洪士良的手也放鬆了，然後四處眺望。

洪士良好奇地問道：

「老師，發現了什麼嗎？」

吳景鸞立刻威儀端正地訓道：

「愚者，你看見那泉水澄澈甘美而味香，還不知道怎麼一回事嗎？那不就是風水所謂的香泉嗎？我不是常說：『凡有香泉、嘉泉、醴泉之處，必定有主大富大貴的龍結穴。』今天我們發現的就是香泉，也是其中至貴之泉，而且如此水味有上等墨之味，照我的看法……」

「真的嗎？」

「你是什麼態度！」

說著，吳景鸞又訓道：

「照我的看法，這附近一定有龍穴，如果利用一些風水技巧，哈！哈！哈！一定會有像孔子般的大聖人誕生於此龍穴。哈！哈！哈！哈！」

隨著大笑聲之後，他以長久經驗培養成的眼力，在不遠處發現龍穴。

大儒家 朱子

發現龍穴後，便開始詢問土地的主人是誰，結果是一位姓朱的人物，亦即南宋理學家，程朱理學集大成者，學者尊稱朱子的朱熹（**朱子學開山祖。將日本、朝鮮等儒學系統化**）之父親朱松。

不久之後，吸收龍穴之威力，不出世的大儒家朱子即誕生於此——。

善水龍與惡水龍的分別法

說過水的代表例子泉之後，如果不觸及水龍問題，那就太不公平了。水龍與砂一樣重要，砂是圍住山龍的穴，而水龍則是在平野之處結成獨立的穴。

水龍和山龍一樣分成好幾類型，光看《水龍經》就有幾百種水形記載。縱然形狀相當多，但它也有幾種基本形態，只要了解最基本就夠了。

流水的形態

①**九曲水**：水流在穴前繞來繞去、蜿蜒曲折，水始終不離穴，據風水師的說法，這是水對穴情有獨鍾。

②**腰帶水**：水從砂外側來，至穴前繞一圈後向另一方的砂流去。由於水的形狀有如繫腰帶一般，所以名為腰帶水。

③**拱背水**：水從背後的山滾滾而來，在穴前繞了幾圈之後流去的形狀。

以上三種都是好水形。以下則相反：

④**沖（衝）心水**：從明堂流入的水像直衝一樣往穴流。

⑤**射脅水**：水從左右如射箭似的往穴流，《秘傳水龍經》有如下記載。

水勢似刀槍，脇射冲心不可當，與利田圩為絕地，殺傷公訟田庄後。

水流的形勢像刀槍一樣，刺向穴所在的場所並不好。受這種銳似刃物的氣所傷之處，即使是田地也是最差的田地，由於殺人、受傷、訴訟等事相繼發生，因此田莊家園漸漸衰退。

⑥**流泥水**：水從山（**龍或砂**）而下，在穴的兩旁呈幾乎直流的狀態。

⑦**反弓水（反跳水）**：水與穴反向而流，正好和先前所述的腰帶水相反，腰帶水是水對穴有情，反弓水則水對穴無情。

有情是指水圍住穴，無情是指水背對穴。風水上常用有情、無情之詞，請各位牢記。對穴無情之水流，會使龍的威力減半，可能帶來凶事。

從砂外側來的水，在穴前形成圍繞狀，然後向另一方砂流去。

腰帶水

流水在穴前繞來繞去。

九曲水

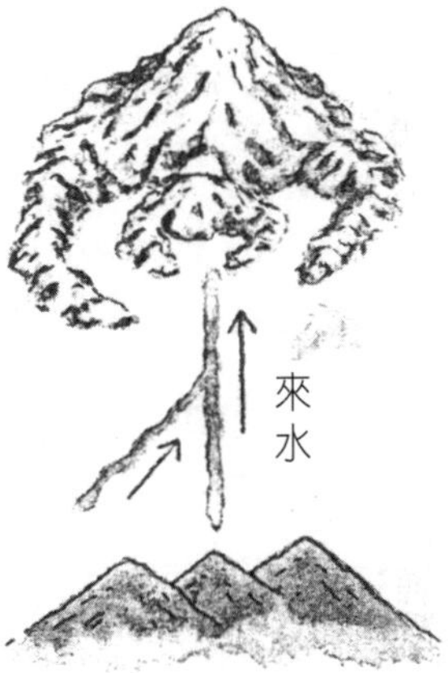

從明堂進入的水直衝龍穴。

沖(衝)心水

從背後的山流來，在穴前繞一下後流去。

拱背水

從穴前左右像箭
流射過來。

射脅水

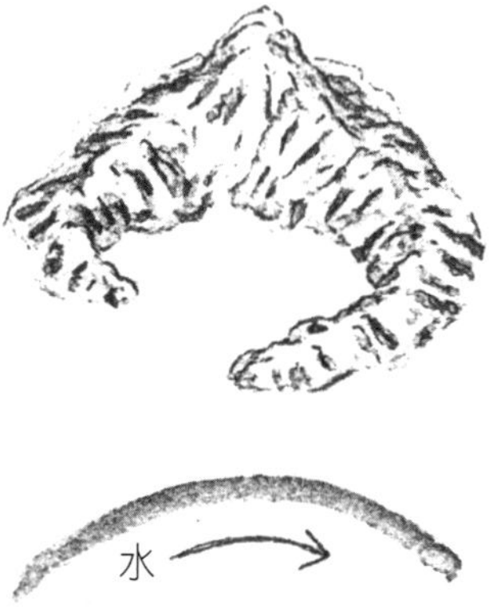

水從穴的兩側直形流去。

反弓水(反跳水)

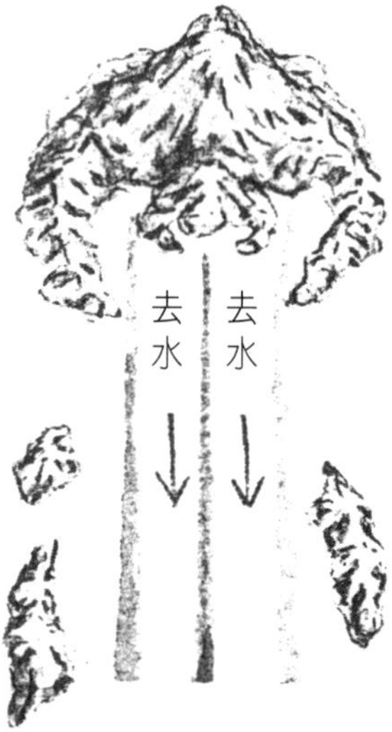

水與穴呈反向而流

流泥水

水不抱穴不行

結論是水圍繞穴則吉，若水背向穴則凶，與砂的條件完全一樣。

水抱穴之形稱為「水抱」。並非只要求溪（小川）、河水抱，其他的水，如泉、池塘、海洋等也必須一致對穴水抱。

水抱和砂一樣均為防止生氣洩漏。

水抱比砂環重要

綜合而言是「砂環水抱」，但事實上，水抱的作用比砂環大，東晉郭璞所著的《葬經》記載。

風水之法、得水為上、藏風次之。

風水的技巧首重水的狀態，至於藏風，也就是砂環，還在其次。

如果要決定優先取捨順序時，不要猶疑，一定要以水抱為優先考慮。

水流圍繞結成龍穴

以上是對於山龍而言，「水」的從屬關係。如果在不見山脈的平地，則水的重要性更增加，因為只能藉著水尋找龍穴。就像山龍變為水龍一樣，關於水龍，以下逐項介紹。

①水龍的形態：這與先前介紹的流水完全一致，亦即迂迴曲折為善龍，單調反弓為惡龍。清・蔣大鴻撰《水龍經》記載——

水要彎環，莫直流，直流之處，最為凶。

水流首重蜿蜒曲折迂迴圍繞，直流及反向而流的水都不好。

②水龍的點穴（穴的找法）：水龍的龍穴就在水流圍繞之處。

元武（穴後）之水，是龍身，定穴君須真的看。水積必然能有穴，水流氣散不堪陳。（《水龍經》）

穴四周的水就是龍，要找穴就必須先符合這個條件。被水層層圍繞之處就是穴，水流走的地方氣也散了，一點評論的價值也沒有。大致如左圖所示之處即有穴。但穴也有善惡，被水圍住的是吉穴，反之為凶穴、死穴。

抱身之水勢環墳，穴好龍真氣脈純。葬後，其家多富貴，兒孫榮顯作王臣。

（《水龍經》）

水流如果環抱墓地，可說是一處好穴，龍氣品質純真不濁。若下葬於此，則其家世代富貴，子孫可成為大官、偉人。

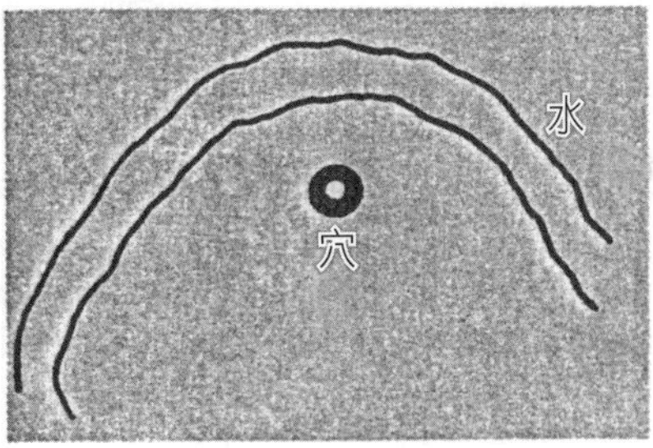

吉穴。水流包圍穴

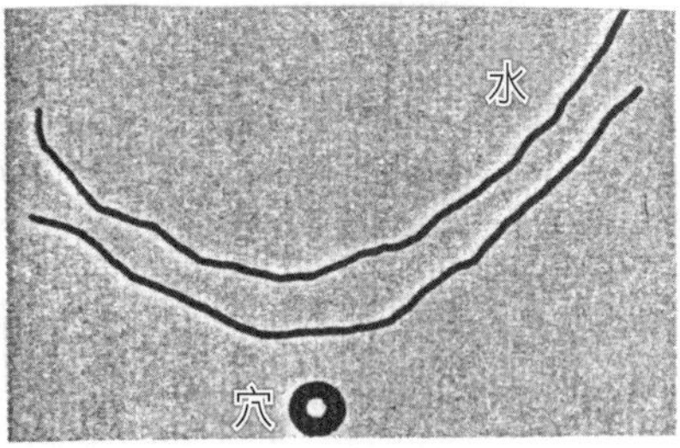

凶穴。水流背向穴

水非清不可

水的整體風貌如嘉泉、香泉所述，風水講究水的品質，亦即污染度。風水上可用之水必須絕對清潔澄澈。

清潔者，清淨不污濁也。

好瑩澈者，澄清而明燭鬚眉

也。好此，有氣有本之水，凡得地須如此。（張九儀《地理琢玉斧》）

所謂清潔，就是清淨沒有污濁。所謂瑩澈，就是澄清而透明，連鬍鬚、眉毛都能映在水面。這才是有氣、真正的好水，找地一定得先找這種水。

水被污染則地滅亡

與清潔水相反的是臭穢水。風水視這種水為凶水。假設水形吉如九曲水，但水質卻受到污染，風水上也視為凶。明·徐善繼、徐善述所撰《地理人子須知》有如下記載。

臭穢水者，或牛泓豬涔，或腐臭成漿，或濁濃稠滯，攪動腥穢，氣不可聞也。陰陽二宅皆忌。有此，主女人崩漏、男人痔瘻、痘癀、夭折、盲目、淫惡。仍主門戶衰落，產業退失。

《明堂內經》云：「流膿出泉，腐臭成漿，牛泓豬涔，污穢濁黃。主瘟招疫，家道不昌，癰疽痔漏。子孫少亡。」是也。

臭穢水就是牛泓豬涔、腐爛的污泥等等臭物之水，不可以聞。陰宅和陽宅最忌諱臭穢水，容易發生女性流產、子宮病變、男性痔疾、傳染病而死、失明等等。

《明堂內經》中所說：「腐水流出的泉發出腐臭，牛泓豬涔、黃色污物等不但會引起傳染病，還會家運衰退，發生黃疸、痔漏等疾病。子孫逐漸減少，終至一族滅亡。」即指此。

像這種水被污染的風水稱「鬧泉」。古書《天機靈氣真言》云：

「毋毒魚鰐，毋食血脈也。地靈始能容泉，鬧泉地必衰，世人但從一時益，不知日後果也。」

古時對水源的污染，不若現在嚴重，但已經引起當時有識之士的重視，提出水源被污染的土地，必定衰退。

這是至理名言，但現代人往往遺忘了，濁水會使風水崩壞。

尋龍之旅已漸入佳境，不但涉及龍、砂、水，還接觸到龍穴。

以下我們就往龍穴內出發吧！

第三章

探尋龍的生命之源

龍穴之謎

理想狀態的龍穴周圍

說風水的中心課題可說是「穴」。穴稱為龍穴，即龍脈之氣凝聚的中心，也是風水特別傲人之處。首先，談談穴的各種形態。

低穴與高穴

一般認為在山脈綿延的平地結穴者為多，實際上也有在深山中結穴的例子。有水、有砂環、水抱等齊全的條件，不論何處均可結穴。

風水稱平地結穴為低穴，山中結穴為高穴，以此區別。

①低穴：在平地龍所在地結穴，一定要砂、水、明堂、朝案山。穴幾乎都在平地結成。

②高穴：在山中結穴。山中平坦之地，左右有青龍白虎環繞、前水抱，又具備明堂、朝山、案山等條件，龍氣便聚集於此。

穴的形狀

就像龍有各種形狀，穴也有各種形狀。左圖是《風水講義》一書所記載的穴形，乍看似乎覺得穴形很容易分類，其實不然。事實上穴只有四種基本形，其他

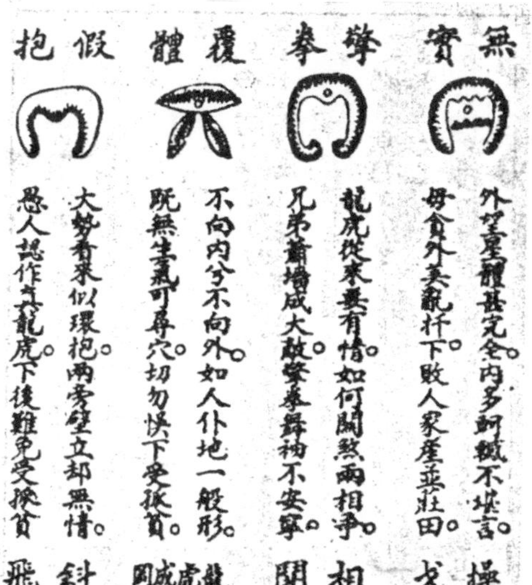

《風水講義》中揭示的各種穴形，這只是一部份，同書還介紹多種穴形。

都是基本形的延伸而已。

清•趙九峰所著《地理五訣》中記載穴形分類法。

穴形雖多，總不外乎窩鉗乳突四端，其實只陰陽二字。蓋陽穴，圓是「窩」，長即是「鉗」，陰穴，長即是「乳」，短即是「突」。

穴的形狀很多，但基本形只有窩、鉗、乳、突四種而已；再總結則只有陰陽二穴。陽穴中，圓形稱為「窩」，長形稱為「鉗」；陰穴中，長形稱為「乳」，短形稱為「突」。

這種說明似乎很清楚，但卻又不怎麼容易明白，現在稍加解釋。

窩（**陽穴**）：穴的形狀圓形，整體呈凸狀。

鉗（**陽穴**）：穴的形狀是直形，亦即長方形感覺，整體往上凸。

乳（**陰穴**）：穴的形狀為圓形，前側狀似女性乳房下垂形，整體呈凹狀。

突（**陰穴**）：穴的形狀為直形，感覺是長方形，後側往上凸，整體呈凹陷狀。

這四種基本形稱為「正體」，與此不相合者稱為「變」、「怪」。

例如，凸狀（陽穴）但頂部偏一邊，或凹狀（陰穴）的乳穴，但前面乳房部

窩穴

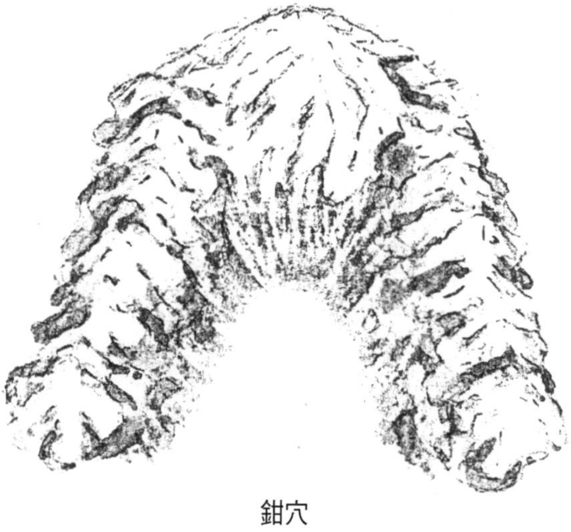

鉗穴

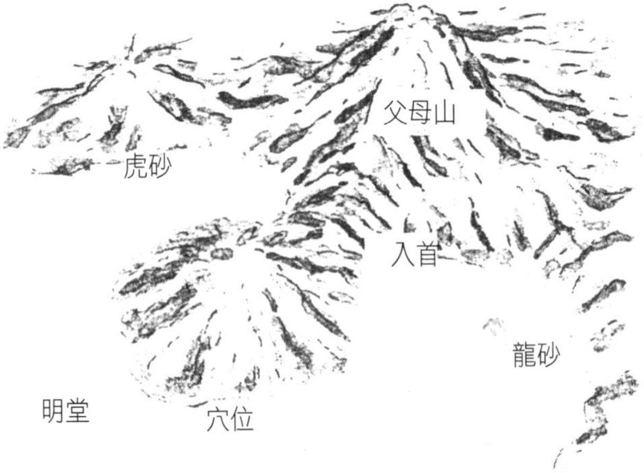

龍脈進入穴的場所稱為「入首」

位不明顯等等，均為變穴或稱怪穴。

只依形狀無法決定穴的善惡，要判斷是不是吉穴，必須考慮下列條件：

吉穴的條件

①吉穴附近必為砂環水抱：雖已說明幾次了，但再詳細述一次。

富穴多低，砂皆肥滿。

貴穴多高，砂皆秀美。

此處所謂的高低是指穴的位置（高度）。砂肥滿是指龍虎砂大而緩。秀美已無須說明。

下述為凶穴：

窮穴漏風水直。

賤穴反弓無情。

漏風是指缺少砂的守護而受風吹。水直、反弓為水流平直、與穴反向。無情已無說明必要。

②**入首應肥潤豐滿**：「入首」是指龍穴進入穴的場所，此處必須如龜甲般豐潤，如果草、花生長優美，則一定是貴穴。

③**土質細微而濕潤**：吉穴之處的土質一定要有濕潤感，用手抓起來有適度的黏氣，不可以乾燥，過度潮濕也不可以。

④**無臭或微香**：穴中絕對不可生臭，有臭味的穴為凶穴。

⑤**太極暈出現**：太極暈指纏繞穴心的迷濛水氣所形成的微茫隱濕的圓環，吉穴之處會出現太極暈之類不尋常模樣的土壤，如果出現這種狀況，此處可說是至高龍穴所在。

太極暈之謎樣物體從龍穴出土

太極暈是什麼樣的東西呢？

太極暈，乃土穴之真至之結。五式之土，次第包裹，層各一色，濃淡淺深，璀璨奪目，有如日之周圍，發生重輪之勢，一圈之外，復套一圈、故曰「暈」⋯「太極」指穴理而言。蓋兩儀、四象、八卦、至此方顯、如水到窮時太極明，故穴暈而以太極冠之。

太極暈是土穴中真精聚集之穴，有五種顏色的土並列成層狀，各層一種顏色，其濃淡深淺配合有緻，光彩絢爛奪目。其正如太陽四周發射出的幾層光芒，所以形狀稱為「暈」。太極指穴的紋理，在此可見兩儀、四象、八卦，有如水窮處成為太極明（水的花樣之一），所以冠予太極之字。

由此可知太極暈是指土的模樣，即易經中的太極圖形（參照下圖），土中龍氣成漩渦狀，形成太極圖形的模樣。下頁右圖是毛暢然先生揭示於《堪輿紀實》

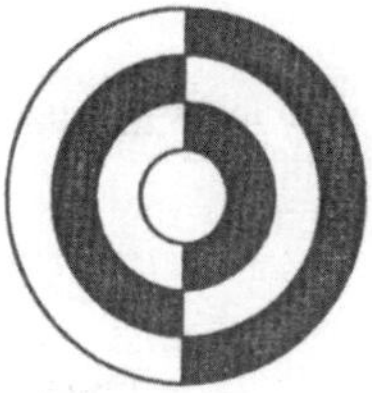

易經中的太極圖形

毛暢然先生

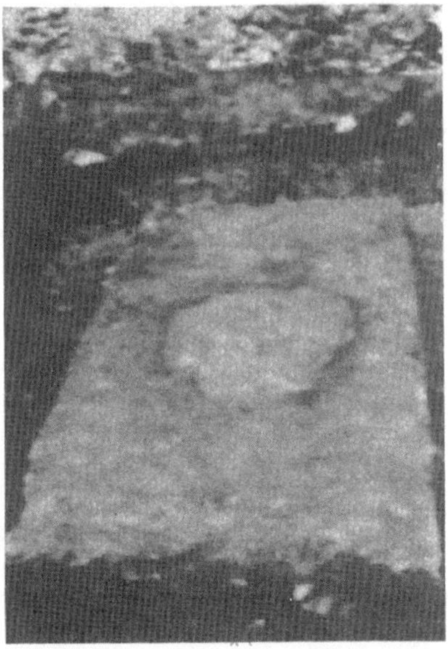

《堪輿紀實》中記載的太極暈實物照片

中的太極暈實物，文中詳述出現時刻，在此向各位介紹。

文中的我指的是毛暢然先生。

——中華民國國防部長陳大慶先生的墓穴出現太極暈，地點在新北市八里區龍泉里（舊稱獅尾村）。現在敘述當時情況。

我在掘起龍穴之土前，告訴掘土工人：

「在這裡挖三尺（約九十公分）左右會出現紅土，那就是穴的中心。」

但他們不聽，將棺木置於地上，就進行墓周圍塀的作業，將煉瓦散置其中，這種方法稱為「平洋推棺葬法」，但不適合這種地形。

我好像太囉嗦了，掘墓工人嗤笑地說道：

「知道了！會把紅土挖出來給你的。」

我在一旁看著，約二尺（六十公分）深處，即出現我所說的紅土，我命令他們繼續掘土，終於到了像土地上的房間一樣平坦部份。

此處是極美的紅色旋渦狀，直徑約四尺（一二〇公分）各旋渦之間隔二吋（六公分），整體形狀像坐墊，厚約一吋（三公分）。

握在手中的土不像石、砂般粗糙，而是密度細緻，像女性撲面粉般的感覺，沒錯，這就是太極暈。是罕見的龍穴——。

毛先生提到太極暈的上質非常細緻，關於穴的土質，再詳細介紹如下。

以下是盧勝彥先生在著作中對土質的詳細說明。

——依《地靈秘笈》所述，挑選龍穴，土地顏色很重要。一般土質可以清濁、大小、精細、生死等性質分類，也可以木火土金水五行分類，各具有青紅白黃黑色。金氣集中處帶白色、木氣集中處帶青色、火氣集中處帶紅色等等。

土質正確分類不容易，一般風水師即使看見土質，也無法判斷其顏色。

一般而言，龍穴土質為紅色，黃色屬大吉，白色還不壞，青色有點不好，黑色是最壞的情況，絕對不能列入選擇項目。

除了土色之外，土味也很重要。如果土味如芝蘭（草名）或參苓（心參、茯苓……等漢方藥），則為最高土質，葬於此，子孫得富貴。

反之，若如牛豬等家畜的糞味，則為最惡之地，當然不可葬於此。

以上是盧先生對龍穴土質的見地，各位應該很容易明白，而龍的能量中心點，其實就是由最優良的土質所形成。

龍穴可喻為女性的生殖器或娘胎

如果將龍視為一個胴體，則砂為手、足，穴則相當於人體的陰部。實際上，風水就是如此出發，風水師們將穴視為大地（易中的坤、母卦）孕育生命的場所，亦即女性的性器官、子宮。

關於這一點，讓我回想起二十幾歲時在台灣的情形。當時在大湖的田舍街和一位徐姓風水師相識，他對我說的話，至今記憶猶新，彷彿昨日。

我拜託風水師徐先生為我說明風水，徐先生說道：

「風水從實例說明立刻就明白，但眼前無物則無法理解。」

「沒關係，請先說明一下。」

徐先生略思片刻，便向對風水一無所知的我，做了以下精闢的說明：

「風水當中，在平地找龍很困難，但若找到山龍就好辦了。山龍有頭、有雙腳、雙手，並且有眼珠子、有肚臍，和人完全一樣。龍穴正是其陰部，人就葬於此，所以一定得尋找生龍才行，想一探究竟的話，就和我一起往山上一趟便可明白。風水即人倫，也是哲學。」

這個說明讓我眼睛一亮，對於毫無風水概念的人而言，這真是相當奇妙的說明，也是我踏出風水的第一步。之後也聽到不同風水師做這種類似說明，而且風水書上也有這種記載。

從以上說明當中，龍與龍穴彷彿有個模糊形狀，實際上，如下頁圖之睡美女穴風水圖，就是其形，屬於女性睡時的姿態。龍穴即女性的陰部。

看看《雪心賦正解》卷二，這裡圖示穴的代表形，高友謙學者更詳細指出與女性生殖器類似之點。

穴可喻為女陰

化生腦：主山前面的麓隆起之圓頂緩緩下垂，再往上微突，此模型為女陰的陰阜。

八字水：穴兩側的水流。形與八字相似，故名八字水，八字也稱為分水，分

睡美人穴

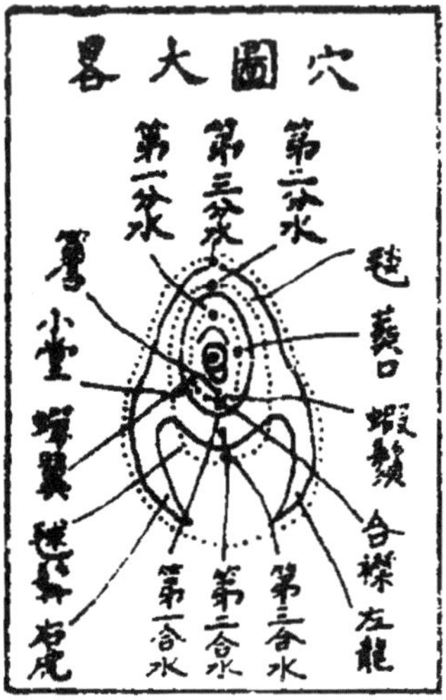

《雪心賦正解》穴圖大略

水有三種。

第一分水（小八字）：穴後最近部份為第一分水，又稱小八字。此模型為小陰唇與大陰唇之間皺摺溝對應的部份。

第二分水（中八字）：主山旁邊、龍虎交會處為第二分水，或稱中八字。這是大陰唇與大腿之間皮膚皺摺的對應部份。

第三分水（大八字）：離穴最遠者為第三分水，又稱大八字。這是在主山之後，龍虎之外，所以沒有對應關係（**大腿外側**）。

圓球：化生腦下，葬口上隆起部份。模型的陰蒂。

蟬翼：暗翼。第一分水與第二分水間的二處細砂，此砂隱藏不易發覺，必須經過仔細觀察方可看見，形似蟬羽故名蟬翼，模型為小陰唇。

明肩：第二分水內側的二條明砂。模型為大陰唇。

葬口：即穴口。模型為陰道口。

太極暈：葬口之中央。模型為子宮頸管。

明堂：穴前注水處，指君主的殿堂，在此執行朝獻禮儀。模型為會陰。

穴的表面如果喻為女性生殖器，則其內部即可喻為母胎、子宮。

楊筠松所著的《青囊奧旨》一書中有詳細介紹。

穴內相當娘胎

以此胎喻穴，以息喻氣。胎無脈氣則為死胎，穴無脈則為死穴，胎、息二字不可分言。孕者，氣之藏聚融結，土肉之內如婦人之懷妊也；育者，氣之生動，

分陰分陽，開口吐唇，如婦人之生產也。

夫山之結穴為胎，吸脈氣為息，氣之藏聚為孕，氣之生動為育，猶如婦人有胎、有息、能孕、能育。此皆喻穴之生氣也。

將龍穴喻為娘胎，在穴內呼吸大地之氣。假設娘胎內沒有脈（經絡、血管），則胎兒無法呼吸而死亡。同樣地，龍穴之內沒有脈（氣脈、水脈）則成死穴（死龍穴）。

胎與息不可分離，懷孕是氣凝聚集中融合為一的狀態，龍穴在土中的狀態就像婦人懷孕的狀態一樣，胎兒培育依賴活潑的生氣，然後逐漸分裂成各個器官，如同婦女生產一樣。

山龍結穴即成胎（子宮的作用）。龍脈有氣即成息的狀態，氣凝聚在龍穴正是妊娠狀態，在土中生氣地活動正是生育狀態，這些都相當於婦女的子宮、呼吸、妊娠、生育，亦即龍穴中生氣狀態。

從龍穴中所呈現的狀態，即可明瞭一切，藉著大地之律動，不但龍氣產生變化，而且可以產生新生命。

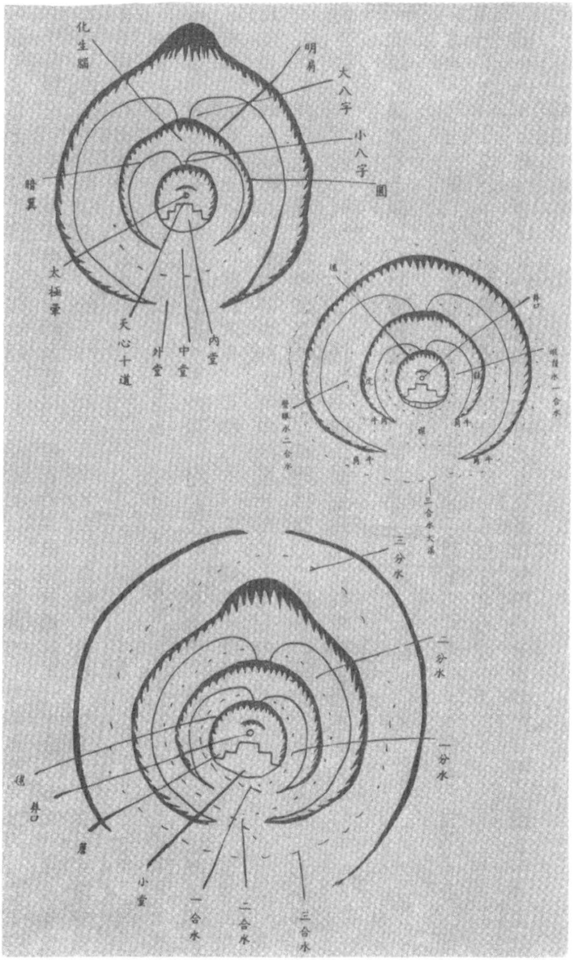

《雪心賦正解》卷二中圖示之穴的代表形。有研究者指出，此形狀與女性生殖器官類似。

結合仙道與風水之謎的易經

為什麼龍穴被喻為女性的子宮呢？而它又生出什麼呢？或只是單純比喻而已？

解開謎題之關鍵在於周易與仙道。仙道思想起源為老莊思想，特別是《老子》中出現玄牝（神秘的雌性）這是指仙道修行結果所得到的一種神秘狀態，最高道的境界便是與玄牝一體化，用處於神秘的母胎內來表現最恰當。

其實仙道修行還不止此，它可以讓你彷彿從娘胎中繞一圈回來一般。收心練己（意識的集中）、百日築基（小周天→小藥）的程度已經不錯，但十月養胎（養神……陽神的育成）、三年乳哺（出神→練神）更具意義。

呼吸法也是從武息、文息到達真息、胎息，但最後的胎息就是在母體內呼吸。這與先前原文（《青囊奧旨》）提到的風原文（《青囊奧旨》）提到的風水用語一模一樣。

風水與仙道有許多相似處，其實不僅相似，它們還有關係，而串連此二者即為易。

講述到專門學問也許很無聊，但為了掌握仙道與風水之間的關係，還是請各位耐心看一看。

談到易，一般人只知道一種易，那就是周易，但古代原本有三種易，即連山、歸藏、周易。其經卦皆八，其別皆六十四。其中連山易和歸藏易，兩千年來歷代典籍鮮有記載，學術界無不認為其已失傳，幾成定論。

連山始於艮（**山**）卦，亦即左上圖八卦圖上從艮開始的易。

歸藏是從坤（**地**）卦開始的易。坤在易中代表大地或母卦之義。

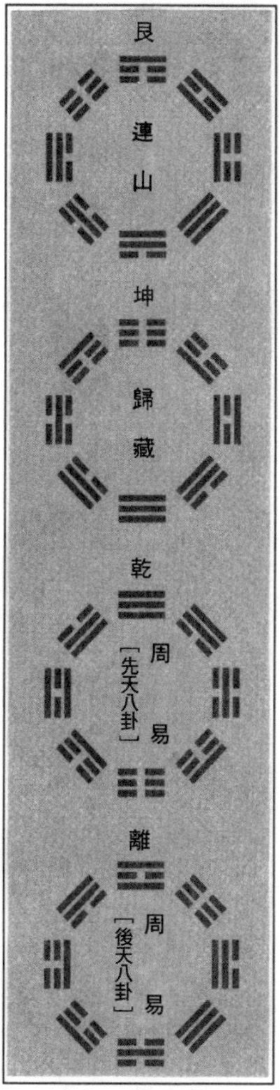

三易之八卦圖

周易是從乾（**天**）卦開始的易。乾在易中代表天或父的意思。

周易比前二種麻煩，有二種卦開始，以乾（**天**）卦為始者稱先天八卦，以離（**火**）卦為始者稱後天八卦。先天為體（**基本架構**）、後天為用（**實際運用**）。

這三種易來自不同時代。連山稱為夏易，為夏朝時代產物；歸藏為殷易，即商代產物；周易為周朝產物。古代易之大家，鄭玄有如下記載：

鄭玄《易贊》及《易論》云：夏曰連山、殷曰歸藏、周曰周易。

連山在唐書（**記錄唐代事蹟的文書**）藝文誌中，歸藏在唐書經籍誌的經部中，記載如下。

連山易、十卷、夏易、司馬膺注。

歸藏易、十三卷、殷易、司馬膺注。

但以上二者早已失傳，根本沒傳至現代，現在冠上此名者均為偽造品。

失傳時代綜合各家說法是在漢代左右，只有一部變更名稱傳至後代，即《青囊經》（**很可惜，這也失傳了**），此書自古即以「風水書」流傳。

風水創始者之一郭璞，在晉書《郭璞傳》中提到自其師處傳承此。

此《青囊經》名稱一部份相同，但與唐代楊筠松（風水創始者之一）所撰之《青囊序》、《青囊奧語》（均為記載風水氣理的書）則完全為不同的書，只傳承了歸藏部份內容而已。

總而言之，歸藏易等於風水的圖形成立，現在風水為了見其氣理而使用周易，周易是基於儒家思想而寫，原本與風水根本沒有一點關係，而失傳的歸藏才真正是屬於風水範疇。

歸藏（連山亦同）和周易一樣，是以某學派（周易為儒家）思想為基礎。

詹石窗學者對此有如下說明：

「這三種易對後世學派（也有人稱諸子百家）有很大影響，從這方面的專家口中可知如下關係。首先是墨家（墨子的學派），其思想之源為連山，儒家（孔子的學派）的思想之源是周易，道家（老子的學派）的思想之源在歸藏。」（《道與女性》）

由上述說明可知歸藏內含道家思想，而歸藏失傳的部份就在風水與仙道的關聯性。

風水以大地為母，認為萬事萬物皆可喻為起源於娘胎之事物，這些均來自歸藏這部易，歸藏思想的根本即其坤卦為母卦、大地卦。

仙道的源流是古代中國廣流傳的房中術（《老子》也不例外），風水本來也近於此，各位可以想成如印度密宗的內容。

總而言之，單純以女性睡姿比喻風水，穴形相當生殖器官，並非只是一種表現而已，事實上即有思想方面文獻的根據。

關於仙道修行與風水之間的關係，本書最後會再詳述。

能量真的從龍穴放出？

風水稱龍穴凝聚大地之氣，那麼，從現代角度來看究竟有何具體表現？坦白說，目前還不十分清楚，有些大膽的風水師高唱，龍穴是地磁氣集中的場所，但這種說法立刻被否定了，因為如果地磁氣如此強，則羅盤受到磁氣影響，無法指出正確方位。

《淡水廳志》（記載一八七二年左右台灣北部事蹟的資料）有如下記敘：

反經石：一在觀音山西雲巖上，凡二石，其一形如馬鞍，每捧羅盤針本子午置於石，則反為卯酉，故名。一在芝蘭堡石閣山上，約五、六石，皆然。惟所反之方位互異。（《淡水廳志》卷十三古蹟考）

使羅盤出現怪象的石頭在觀音山的西雪巖。這裡有二塊石頭，其中一塊是馬鞍形，在石上將羅盤子午（北——南）放置，但它還是指卯酉（東——西），因此得名。

另外一處是在芝蘭堡（**地名**）的石閣山，這裡有五～六個，看起來均無異，但羅盤指的方位卻很奇怪。

風水要素龍穴、砂、水、向中最後的向，如果不使用羅盤根本無法測出，因此測不出向之地即為龍穴之地，這種奇怪說法於是出現。

話說回來，到底有什麼具體表現呢？坦白說，現代科學還不了解從龍穴中發出的能量是什麼？

但並不是說龍穴沒有發射出能量，我們可以看看證據。有一種稱為「探穴尺」的道具，從操作中不難發現，穴中有使探測尺發生反應的能量。

探穴尺是一種古老道具，晉・郭璞的《葬經》中有如下記載：

土圭、測方位，玉尺、測遠近。

土圭就是日時鐘，是古代中國利用太陽影子測方位的道具。

玉尺就是探穴尺，指最原始之物。

如何使用呢？再往下看《周禮、冬官、玉人》記載：

土圭尺有五寸，以致日、以度土也。

描述探礦杖操作狀況的18世紀繪畫圖。與反應龍穴能量的「探穴尺」近似。

測土深度、正日影，以求地中。

土圭尺有五吋（約十五公分），是利用太陽探測土地的道具。

從本文推測，土圭尺是龍穴發現之後，像日時鐘般測出地中深度的道具。

相對於此，玉尺則為測量到穴的距離，如何測出到穴的距離呢？

對於這個問題，先前的高友謙學者說明如下：

「郭璞《葬經》當中，出現稱為玉尺的道具，發展到後來成為探測穴的用具。原本這是每位風水師自用之物，不輕易授他人，這就是沒有廣為流傳的原因。」

不過現代也有風水師自行將玉尺改良，看他們使用方法大概就可知玉尺為何物了。台灣林宣學風水師曾舉下列實例。文中的我即林先生。

探穴尺探測正確的龍穴位置

——有一位前輩韓先生，他帶我到台北的觀音山（風水大墓地很有名）身邊攜帶「探穴尺」這種奇妙的物品，物如其名，即探測龍穴的道具，這種東西為空前之物（只是林先生不知道，其實自古即有）。

探穴尺以金屬製成，形為約八吋（二十四公分）之剃刀，兩側有柄可供手握，使用完後便將刀刃收至柄內，使用時將刀刃張開，手握住兩側的把柄，這時探穴尺的形狀正好呈直角。

我和韓先生一起登上觀音山斜坡，上方廣大墓地立刻映入眼簾，約有五座相連的墓，均屬小型墓，但旁邊有二座大型墓，一看就知道是有錢人家。

從此處看山形、流水，風水師們均一眼認定這裡就是龍穴所在，但要決定真正中心點並不容易，二座大型墓地也許就是建在龍穴之地，但經仔細檢查後，我想他們稍微偏離中心。

韓先生問我要不要試試探穴尺，表示使用探穴尺可以發現龍穴真正的中心，於是，他仔細向我說明這種奇妙道具的使用法。

「先用右手輕握尺柄，再用左手支撐不使尺掉落，一邊的柄已呈搖晃狀態。」

我拿著探穴尺登上傾斜地上的墓地，約十步左右，就覺得有一股莫名的力量在使喚手上的探穴尺，好像要將它拉開似的。這股力量不是來自二座大型墓的方向，似乎是從五座並列小墓方向而來。

難道真有這回事？我一邊刻意地探測龍穴周圍，一邊感到有一股特別的吸引力，讓我那兒也不能去，最後還是回到五座小墓並列處。

我緩步走向其中一處比較低的墓地，才走了二～三步，刀柄就奇妙地搖晃著，並且九十度大轉彎，指示的地點正是五座小墓最中央處。

很諷刺吧！龍穴並非有錢人家尋找的場所，而是藏在小墓裡。

不管怎麼說，雖然沒有看見風水所謂龍穴的內部姿態，但從韓先生的探穴尺可清楚了解，龍穴真的有一股不可思議的力量存在。

對風水一無所知的人，聽了或許會認為這是一種磁石或磁力，但事實上不是的，因為風水師使用羅盤測方位，如果真有強大的磁力作用，則羅盤根本不可能測出正確的方位。

如果羅盤無法測出正確的方位，就只是一樣廢物而已，根本無法找出正確龍穴。

而韓先生的這支探穴尺，我想不是粗糙之物，並非只反應地中磁氣而已，因為親自使用過，我才相信真的有一股特別的力量在作用。

我對探穴尺非常有興趣，向韓先生詢問製造素材，他笑著回答：「這是秘密！」

坦白說，這就是中國人的問題所在，秘密主義就是使中國學問無法科學化的元凶。

我想，這是韓先生依風水經驗所製造出來的超科學實驗器具。

古代風水師們所談論從山形、流水尋找龍穴的理論，我想也是他們從中領會

那股看不見的力量所致，透過精神影響肉體，表現出物質現象。

總而言之，韓先生所發明的探穴尺，是使人類精神與肉體產生合一作用，而這股不可思議的力量，至今仍是未知力——。

以上就是林宣學先生對探穴尺的體驗與見解，探穴尺是不是和探礦杖很像呢？

關於穴的能量，至今仍正體不明，但事實證明，其可形成最佳土質。而這股不可思議的能量，要想藉科學證明，恐怕還是很久以後的事。

但不管怎麼說，我們終於到達龍穴，甚至了解其神秘的力量。以下我們再深入探究從龍穴發出的威力，對周圍造成什麼影響。

龍穴挑選埋葬者

中國人習慣請風水師看地理、尋好穴，做為埋葬父母、祖先遺體之處。但這並非人人均可依同一方法得同一結果，依照傳統的風水思想，富貴之地得山地山川靈氣的守護，所以它可以接受適合此處的人，也可以拒絕不適合此處的人。

這稱為「江山藏吉穴，留有緣人」。舉個實例，以下是清・谷應泰所著《明史紀事本末》中，有關明太祖朱元璋的逸話。

——朱元璋孩提時代居住泗州，家中非常貧窮。甲申年（一三四四年）當地流行嚴重的傳染病，他的父、母、長兄、小弟相繼死亡，由於家貧無錢買棺，於是朱元璋和二哥只好用草席包裹遺體，準備抬至附近山上自行埋葬。入山不久，突然綁草席的繩子斷了，屍體之一滾落路上。

明太祖朱元璋。他因得到最高龍穴之地，而從流浪漢一躍而當上皇帝。

在這種情形下，他們當然沒辦法繼續往前行，兄弟倆商量結果，由哥哥回家取來新繩子，而朱元璋負責看守遺體。

這時候，奇妙的事發生了，放晴的天空突然烏雲密佈，接著雷聲轟隆一聲，閃電伴著強風大雨瞬間而至，由於事發突然，朱元璋措手不及，只好將遺體放置當地，自己拼命尋找避雨場所。

好不容易找到一間祠堂，便在那裡靜待雨停。雨勢終於稍歇，朱元璋立即飛奔至遺體處，但卻怎麼也找不到遺體，再仔細一看，剛剛放置遺體處凸起一堆土，有如墳墓一般。

看情形是土砂隨雨而降，落至平地後埋葬遺體，形成一座自然的墓。

此山主人為劉繼祖，朱元璋向劉繼祖懇求「挖出家人遺體運回家中」，劉繼祖心想，這一定是天意，於是說道：「這裡是天賜予你之地，我也只能順應天意了！」便將土地送給朱元璋。

而這裡正是最高龍穴之地，龍見朱元璋運親人屍體欲埋葬，便為他執行葬儀。

之後，朱元璋運勢好轉，不僅當過乞丐，還曾剃度出家，一躍而成領導者，最後更坐上明朝開國皇帝的寶位，年號「洪武」。

佳穴選人的故事，這是最具代表性的。

龍穴拒絕不適之人

但也有相反情形，佳穴並非來者不拒，它也會拒絕不適合的人。

——清代在安徽省徽州，有一位著名風水師，由於深諳風水之道，所以慕名前來請託者不少。

當時，此地有一位林姓富豪，也來請這位風水師為其探吉穴。話說林某人在地方上，是作威作虎的不義之人，被村民所不齒。

但風水師不知是被龐大禮金吸引，還是畏於林某權勢，答應為其尋龍穴。終於，風水師找到一處不普通的龍穴，是富貴雙全的上好龍穴。林家立刻舉行葬儀，將祖先的屍骨安置於此。

埋葬之後，不知為什麼，此處連降三天冷雨，隨之而來的是雷電交加，最後一聲大響伴隨刺眼的閃電，正好擊中墳墓。

墳墓受襲擊而毀壞，林某祖先的遺骨四處散落。眼見此光景者，皆謂林某平日惡行，連上天亦感憤慨，這就是上天對他的懲罰。

而林某見到這番景象，也知道此處不能埋祖先遺骨，沒辦法，只好另尋場所，再度遷移遺骨。但從此之後，林家運勢逐漸衰退，當地的老人家後來談論到這件事，說了以下的話：

「墓地的良好與人心的善良息息相關，如果心地險惡，則再好的墓地也沒用。」

大自然有很多現象，至今都無法解釋！華人文化普遍相信，好的墓地風水能興旺家族子嗣，帶來富貴。

以龍穴為中心的風水全貌有各種比喻

介紹過龍穴奇妙的作用後，再來看看穴的周圍，亦即龍、砂、水等理想型態，其形狀可比喻為人或其他生物、物品。

例如，有鳥兒展翅形，也有狀似獅子形，還有左右層層砂重疊，如前所述的睡美女穴，看起來就好像女性仰躺時的姿勢。

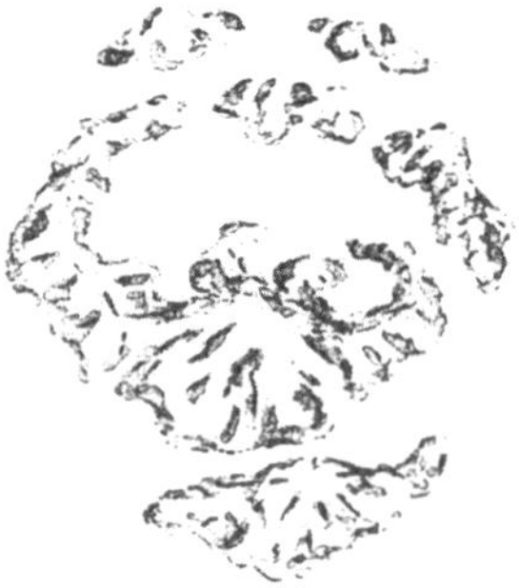
伏地白虎形

飛龍出洞形

靈貓捕鼠形

蜘蛛形

美女獻華形

眠牛形

看了這麼美的風水（巒頭）自古風水師們就各為其取上適合的名字，例如眠牛形、蜘蛛形、飛龍出洞形、伏地白虎形、靈貓捕鼠形、美女獻華形等等，各個均形如其名。

這些名稱以穴為中心，所以S形即稱為S穴，之前提到的斑鳩落田陽穴、麒麟穴即是。

中國的墓（陰宅）形和日本完全不同

風水中的宅，亦即墓，便是建在此穴上。其形狀與日本的墓相差很大，看下頁照片即可了解，前面有大的庭（明堂），墓石後是凸起的山，琉球（沖繩）也有相同者，形狀似龜甲稱為龜甲墓。

前面提到將穴本身喻為女性生殖器官，所以陰宅也有頭部設計，各位仔細觀察便可了解，其形狀令人想起生殖器官的形狀。

建陰宅一定得利用羅盤找方向，向就是墓石（前面）的向，與風水所說的理氣有密切關係，現代稱為一種方位學。將在第四章詳述。

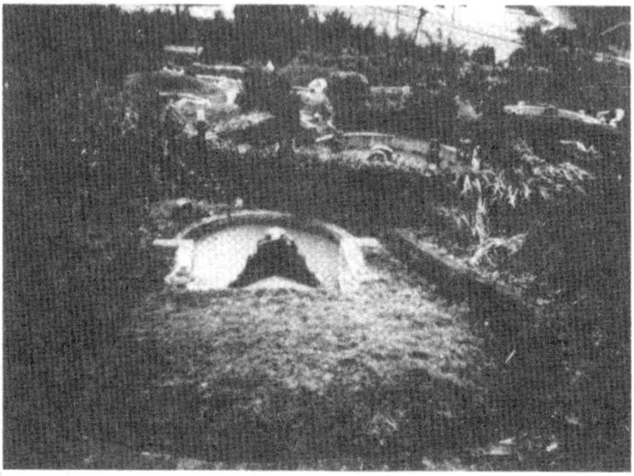

中國墓形（陰宅）。上圖照片為前景，下圖照片為後景。
與日本墳墓完全不同。前面有寬廣的明堂，後面高聳。

在前世骸骨腋下築巢的蟻穴因某種緣由發生腋臭

好穴已經介紹過很多了，以下介紹不好的穴，亦即凶穴，凶穴有多種，以下為具代表性者。

①蛇穴、養蟻穴：

蛇、鼠蟻等居住的墓穴，這些生物在穴內築巢，會使棺木或遺體損壞，所以很不好。也有風水師認為蛇在某種條件（**對墓中之物無害**）下為吉，因為中國人認為龍與蛇有關。

②水浸穴：

浸在水中的墓穴。即使沒有水，但在大雨、大水後沒有排水設施者也在此列，總之是指濕氣過高的墓穴。

③墓被雜草覆蓋：

陰宅有雜草覆蓋並不好，用人體來比喻，就如同血管阻塞不通一樣，放著不管會堆積污物，與墓有關者早晚會中風死亡。

風水、命理師李人奎說：「血路不通，生龍變成死龍。」

血管受到阻塞不暢通的狀態下，即使是生龍也會變成死龍。

這種凶穴會發生什麼凶事呢？我們看看養蟻穴及水浸穴的例子。

養蟻地的凶意

「養蟻地」意如此名，即養螞蟻之地，在此埋葬遺體，不久就會被蟻蝕，棺木甚至遺體都會受到損壞，並對關係人產生影響。

此處介紹的故事記載於宋・何薳《春渚紀聞・坡谷前身》。

——北宋大詩人黃庭堅，有一次與老師蘇東坡一起拜訪一位高僧，高僧看他們一眼即表示，蘇東坡前世是禪宗的五祖，黃庭堅是一位堅強女性。

黃庭堅興趣盎然地追問：「可不可以說得詳細一點？」

高僧搖搖頭說道：「總有一天會有人告訴你詳情，你慢慢等！」

過了一段漫長歲月，晉昇高官的黃庭堅，有一天在涪陵這個偏遠地落腳。

有一晚，黃庭堅做了一個奇怪的夢，夢中出現一位女性告訴黃庭堅：「我就是前世的你。」黃庭堅大吃一驚，盯著那位女性看。女性繼續說道：

「我生前是位虔誠的佛教徒，由於當時身為女兒身，所以發願來世生為男子，用功讀書，在歷史上留名……，果然，死後輪迴轉世真的變為男兒身，那就是現在的你。」

黃庭堅半信半疑，女性見狀又說道：

「你這幾年來應該為狐臭所苦，看過名醫也都沒效果，我告訴你原因吧！我埋葬處的棺木已經腐壞，螞蟻群集在骸骨上，尤其是腋下部位，螞蟻在此築巢，這就是你狐臭的原因。

如果你想盡快消除這種不適，就請到屋子的後山找找看，我的墓就在那裡，只要你將骸骨取出重新整理，狐臭立刻可消除。」

說到這裡，黃庭堅從夢中醒來，由於夢境太真，於是他帶領隨侍往後山出發，果然看見一座墓，掘出骸骨一看，真的是夢中女性，如夢境所言，棺木已經腐壞，遺骨的腋下有螞蟻群聚。

「真是太糟了！」

黃庭堅驅走螞蟻，將墓內清理乾淨後，重新買一具棺木裝骸骨，再度埋在同一墓地。就這樣，黃庭堅的狐臭立刻不藥而癒——。

連骷髏也會變黑的水浸墓

除了蛇、蟲、鼠、蟻等活動的場所之外，土地本身過濕也不宜墓穴。

地下水豐富的土地水氣濃，即使結成龍穴，若將遺體葬於此，過度潮濕的水分會浸透骸骨，使遺體變質，這當然會對埋葬遺體的子孫產生影響，盧勝彥先生的書中介紹過此例，文中的我即盧先生。

——我認識一家人，主人在醫學院任職教授，是令人羨慕的職業，但他的家庭卻問題重重。例如，妻子有點精神不正常，毫無理由地就想自殺，好的時候和普通人沒兩樣，但有時就像變了個人似的。

教授帶妻子看精神醫師，診斷結果是輕微精神分裂症。除了妻子之外，教授的五個小孩也幾乎都稱不上完整，多多少少有些問題。

長男失聰，不願外出工作。

次男和母親差不多，有時精神異常拿起東西就摔，沒事時就整天翻著論語，而且無緣無故地哭著說想死，有時半夜起床到野外跑一圈……。

三男和二位哥哥倒是不同，他很普通，但就是討厭讀書，這點使教授很傷腦筋。

長女的精神正常，而且是個美人胚子，但卻素行不良，男朋友多得數不清，私生活放蕩不羈。

次女與長女正好相反，對任何事都提不起興趣，尤其對父母兄弟非常厭惡，是個悲觀主義者，動不動就與人起衝突，即使在學校也不斷和老師、同學發生磨擦，連一個親近的朋友也沒有。

教授的家庭實在不尋常。

有一天，教授請我為其探究原因，我一聽就知道是風水的緣故，便和他一起觀察祖墳。

到了墓場，我不禁愕然，那根本是座鬼氣穴（**幽靈作怪的場所**），再觀察土質，更令人啞然，土全是黑色，而且強烈的臭氣令人作嘔。

墓穴覆蓋一層青苔，棺木處水積得滿滿的，也就是水浸穴。

我目光離開墓地，觀察周圍龍脈。

一看就注意到山形怪異，此山由二個尖峰所形成，各尖峰又有小乳峰（隆起處），好像二顆凸出的眼珠子，因此，山氣從雙方分下。

教授祖先的墓即乳峰的眼睛部份，正常牙齒左右位置，由於此處如口形低下，所以下雨後雨水就積在這裡流不出去。

我問過路人：「這是什麼山？」

村人回答：「鬼面山。」真是與奇怪山形相符合的名稱。

我再仔細觀察墓地周圍，發現此處完全不具龍、穴、砂、水等風水。最後我拿出羅盤探測方向，同樣也是凶方位。

說穿了，這裡根本完全沒考慮到風水而建墓，難怪凶運不斷。我問教授：

「是不是建墓之後，大嫂的樣子才逐漸奇怪？」

「的確，家人在那之後都變得怪怪的，尤其是次男，好像和他母親輪流發

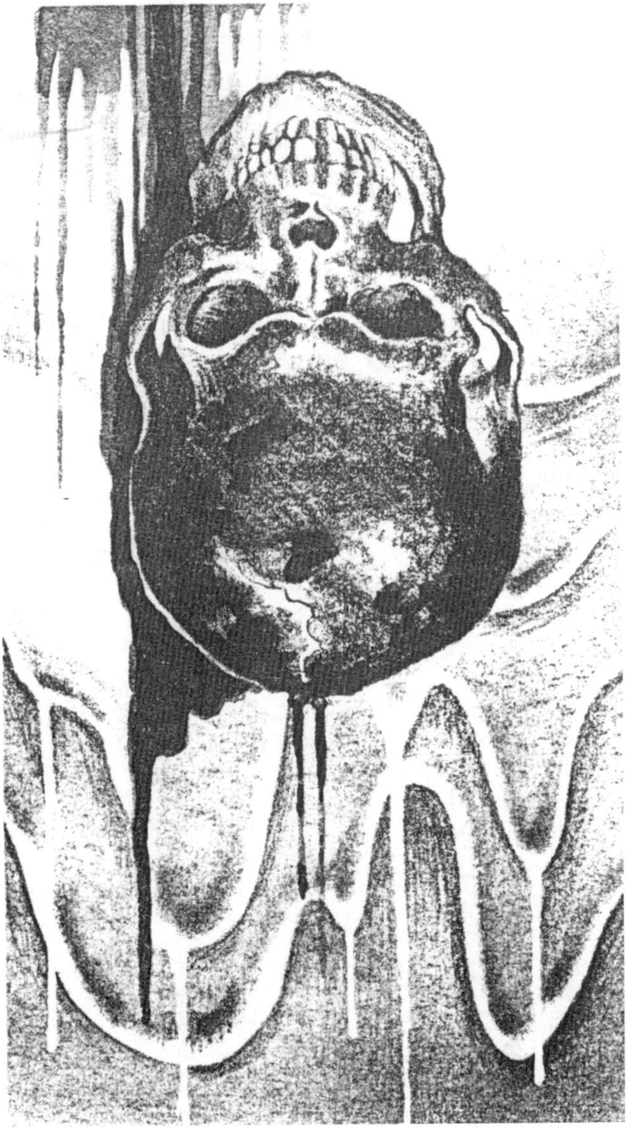

作，如果母親情況好，次男情況就不好，次男狀況佳，母親狀況就不佳。天啊！一家和樂相處究竟要到何時才實現？」

了解原因後，我建議教授立刻遷墳，他也立刻決定遷墳日期。

當天，我請工人開棺取遺骨，邊開邊讓我不自禁地往後退。

棺木中積滿了水，一般應為白色的骸骨，都被黑泥水泡黑了，而且發出刺鼻惡臭。

土質使得骨頭也變質了。遺骨移往他處之後，教授家人的異常終於不再惡化——。

形成僵屍的養屍穴

凶穴有很多種，最令人畏懼的大概要算是風水上稱為養屍穴的養屍地了。

僵屍就是不會腐壞的遺體，中國人稱為乾屍，僵屍不但只是乾屍而已，它還吸收強烈的龍穴之力，成為危害世間的禍首。

諷刺的是，僵屍出現的穴，多為風水條件最高之地，理由很簡單，就是因為周圍的環境、土質，以及其他優越條件，使得遺體不會腐爛，正如易中所謂的「陽窮成陰」、「陰窮成陽」、「過猶不及」諺語，其正是極強威力所在之穴地。

不管怎麼說，僵屍都不是受人歡迎之物，茲舉實例說明：

首先，我們看不知情而將遺體葬於養屍地，終至禍及全家之例。

——有一王姓人家，其中三兄弟冷酷無情，靠著放高利貸維生，村民們暗中稱他們為「剝皮王」。有一天，剝皮王的父親，亦即王家老主人，突然在大廳心臟病發作，立即死亡。

由於長兄很吝嗇，連風水師也不請，隨便請一個人為其尋找墓地，過了幾天，這個人告知附近義山有一處好穴，兄弟不加思索地將父親下葬。

之後，王家便怪事不斷出現。

一開始是王家長男遭到不幸。有一天，長男走在路上，突然遭到牛隻攻擊，牛角猛刺向他，隨即血流滿地而死，其妻受不了這種意外打擊，悲痛之餘，也追隨其夫赴黃泉。

三年後，王家次男遇水難而死。這年幾乎沒有下雨，暑氣逼得人受不了，他們一家四人便出外避暑，沒想到，當晚只有妻子和兒子哭著回來。

怎麼了？原來他們的小女兒在海邊遊玩時，不小心滑了一跤，不會游泳的次男突然忘了自己是旱鴨子，為了救女兒，竟飛奔入水，沒想到水深過頂，最後不但女兒沒救上來，連自己也淹死了。

現在王家只剩下三男了。但三男也不知得了什麼怪病，連走路也沒辦法。王家的不幸在當地非常有名，這時候，正巧有一位風水高人經過此地。

風水師聽到此傳聞，立刻判斷是風水不佳嫁禍子孫，於是往王家父親墓地探測，看後大吃一驚。

「這不是養屍穴嗎？是最壞的風水地啊！子孫將陸續死亡。」

旁人聞言，立刻告知王家三男。三男為求一線生機，雖然腳不能走，也爬行來到風水師面前，向風水師行禮懇求：

「請幫我們修改風水！」

風水師允諾後，立刻雇工掘墓開棺。

棺蓋一開，周圍人不約而同地發出尖叫聲，原來「剝皮王」的父親躺在那裡就像剛死亡時一樣，顏面紅紫、髮鬚均長，二顆眼睛瞪得大大的，二顆突出的牙齒輕咬著嘴唇。風水師說道：

「一定要遷移墓地，不立刻動工就太遲了。」

三男遵照風水師的建議，立刻移墓。

不可思議的是，遺體一移走後，三男原因不明的病立刻痊癒。在風水高手的協助下，三男從鬼門關逃過了一劫。

是不是很恐怖？僵屍不僅是乾屍而已，還會產生更恐怖的凶作用。

香港風水師，宋韶光對於僵屍描述如下：

——依照傳承，陰宅風水最忌埋葬屍體後，屍體一直不壞，這種屍體會得吉風水作用，吸收日夜天地之精華，培養堅強之力，最後變成僵屍。難以置信的是，僵屍不單單是死骸而已，它還會吸收人的血及精氣，變成永生的鬼身——。

袁牧《子不語》一書中，也記載出現於陝西地方的僵屍實例。

——陝西的土質深而乾，即使向下挖三～五丈（約九～十五公尺）也不見水，這種土地容易使屍體成為僵屍。因此，陝西省鳳翔縣以西，便一改葬儀方法，他們不在人死後立刻埋至地中，而是將屍體放在地面，等全身腐化成白骨後才下葬。

為什麼這麼麻煩呢？因為此地人認為，人死後立刻下葬，將受陝西獨特地質的影響，成為不會腐敗的屍體，也就是僵屍，死後才三個月，屍體便有毛覆蓋。白毛覆蓋全身的僵屍稱為「白凶」，覆蓋黑毛的僵屍稱為「黑凶」，據當地人稱，屍體覆蓋毛之後，僵屍便會出來傷人及家畜——。

這本《子不語》中也介紹與僵屍有關的實例。

僵屍夜晚從墓裡出來害人

——乾隆六年（一七四一年）山西省芮城縣有一則關於僵屍的怪事。

當時芮城縣內有供奉三國時代名將劉備、關羽、張飛的三神廟。廟門為鐵製，總是閉鎖著，任何人無法入內，只有在春秋二次祭祀時才開放參拜。

據可靠消息指稱，廟中住著會害人的鬼，為了防止意外發生，所以大門深鎖，即使春秋祭祀自由參拜時，也不能久留廟裡。

這傳說有一段因緣。

有一天傍晚，陝西省某位男子一邊趕著羊群販賣，一邊往廟的方向走，由於帶著太多羊，所以無法投宿客棧，向人家借宿也不方便。

就在不知如何是好的時候，發現了這間廟，廟內寬廣，可以和羊群一起過夜，於是他向廟附近人家央求借住廟內一宿。

雖然得到允諾，但附近人家表示，「這裡鬧鬼，恐怕你會遭殃，得小心一點」。

男子自信身材壯碩，力氣頗大，於是回答：「沒關係。」居民見他入廟後便各自回家，他也毫不畏懼地立刻睡著了。

到了半夜，男子突然聽到奇怪的聲音，隨著聲響，從神壇飛出不明物體。

男子手持燭枱想看個究竟，結果發現是一個約七尺（二・一公尺）的大怪物，眼睛四周發黑，只有瞳孔閃閃發光，全身覆蓋綠毛，手指甲如鷹爪般尖銳。

怪物大概察覺到他是活生生的人，於是猛烈朝他進攻。

再怎麼大膽的人，此時恐怕也嚇得魂飛了一半，受到怪物的攻擊，男子用打羊的鞭子往怪物猛打，但怪物好像一點也不感覺疼痛，奪起鞭子就往嘴裡放。

男子見狀起身就往廟外逃跑，但怪物仍不死心，也跟著追出廟外。在慌忙奔跑中，男子見到眼前有一株巨大的樹木。

真是上天保佑，男子拼命地往樹上爬，怪物好像也想追上來，在大樹下又跳又叫，那奇怪又恐怖的怒吼聲，就像一隻大怪獸。

就這樣，人與怪物在樹上與地面相瞪，待雞鳴時分，怪物才憤怒地往廟內消失。

怪物消失後，男子仍嚇得不敢從樹上下來，一直到街上人群增加，才安心地爬下樹。男子對村人說起昨晚的情形，大家開始議論紛紛，不久便有人提議重新檢查此廟。

於是村民聚集廟內神壇下，只找到一個小空隙，從空隙的確散發出令人感覺不舒服的穢氣，雖然大家都想知道裡面狀況，但沒有一個人願意當前鋒。

就在大家呆然而立時，有人提議請府衙幫忙，經眾人同意後立刻往府衙求助。

芮城縣的縣令由於此事奇妙，於是親自出馬，命令衙役挖開神壇下方土地。

首先將神桌搬開，往下挖一丈（約三公尺）後，便見一具腐壞的棺木，打開一看，內裝一具乾屍。

一見這具屍體，陝西男子為之大驚，黑眼圈、全身綠毛、長鷹爪，和昨晚的怪物可說是一模一樣。

縣令聞言立刻命令將屍體火化，於是屍體連棺木被放在薪材架上。

當火焰覆棺時，奇怪的事情發生了，屍體突然發出恐怖的叫聲，全身噴出惡臭的血，就這樣在火中成為灰燼。見此光景，陝西男子與當地人均毛骨悚然，但從此再也沒聽說廟內有怪物出現了——。

從此實例中，不難了解龍穴發揮威力的效果，龍穴的能量超乎我們的想像。

以上論述龍穴的種種作用，接著第四、五章，將進一步探討如何掌握看不見的龍氣，以及控制法，希望對各位有助益。

第四章

探測看不見的龍氣變化
與陽宅風水技巧

風水使用的羅盤方位分為二十四等分

在龍、穴、砂、水之後，現在要談的是風水的第五項要素「向」。相對於龍、穴、砂、水可用眼睛看，「向」就不同了，「向」是眼睛看不見的理氣。說明理氣時，絕對不能無視羅盤的知識。

羅盤、羅徑、羅徑盤均為同一物品，也就是測方位（巒頭）或理氣的道具。各位看下頁照片即可明瞭，中心嵌入顯示方位的磁石，外側層層圓周則記載各種與風水相關的文字、記號。

羅盤有三合盤、三元盤等數種，圓周上記載的文字、記號也有些不同。

三合盤是三合派風水師使用之物，從易的生剋沖合看方位吉凶，這就是理氣的看法，為楊筠松發明。

三元盤是三元派風水師使用之物，從九星、遁甲等判斷吉凶。

除此之外，還有利用占星術（稱為三星或星度派）看風水所使用的特殊盤

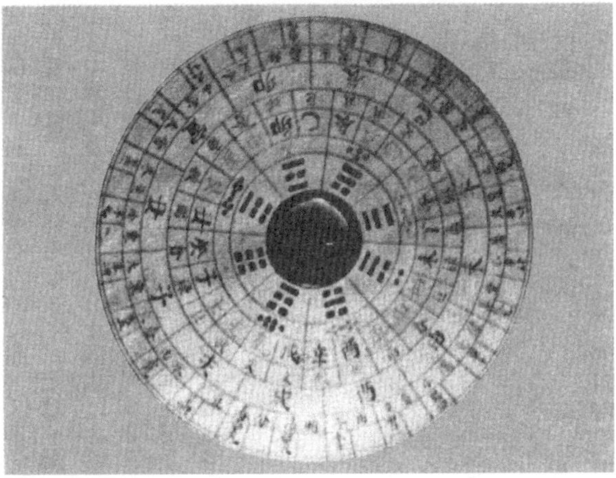

羅盤是測出方位、理氣的重要道具

（三曜盤）。

尺寸大小均有，有直徑數公分的迷你盤，也有超過一公尺的巨大盤。

要詳細說明羅盤內容，恐怕幾頁也寫不夠，本書只記載最低限度必須了解的部份。

先從羅盤的中心開始說明，羅盤中心嵌入測方位的磁石，風水稱此部份為「天池」。

羅盤中會旋轉的圓形金屬部份稱為「天盤」，放置天盤的長方形木製部份稱為「地盤」。

地盤內有堅固的線縱橫成十字形，此線與描磁石部份的紅線，或天盤子午文字部份相對應。

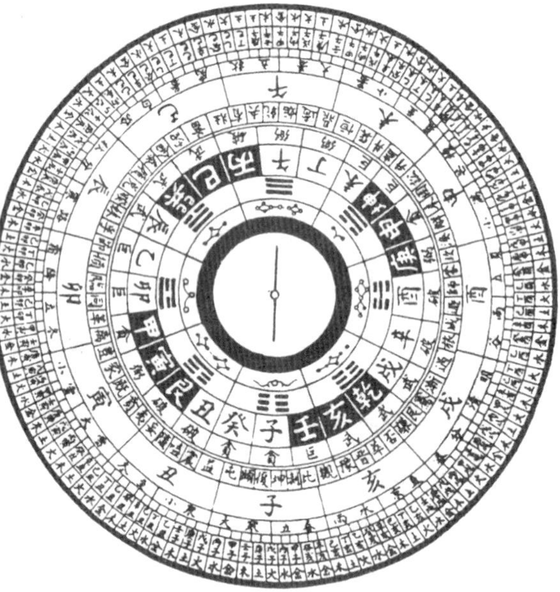

天盤中記載許多文字、記號，並利於圓周，這部份稱為層，其中最重要的是「二十四山」。

如上圖所示，三六〇度分為二十四方位，此二十四方位即風水上使用方位的基本單位，比九星遁甲的八方位更細，各方位名稱如下：

二十四山

北（坎）……壬、子、癸
東北（艮）……丑、艮、寅
東（震）……甲、卯、乙
東南（巽）……辰、巽、巳
南（離）……丙、午、丁

西南（坤）……未、坤、申

西（兌）………庚、酉、辛

西北（乾）……戌、乾、亥

風水基本方位為二十四山，但象易（吉凶具體表現）解釋中也有用於易及九星，所以也必須看八方位、六十四方位，方位的看法相當複雜，而這些也都一一記載在天盤上。

羅盤使用方法很簡單，只要配合以下三點，即可立刻測出方位。

羅盤的基本方位測法

①首先，一邊回轉羅盤圓形部份，一邊將第三層（從內側數）所記載的子午文字對齊中央硬線。子為正北、午為正南。

②如此一來，羅盤中心天池的紅線也和硬線一致。

③使磁石的針和此紅線一致。由於針的一端尖、另一端圓，所以圓形部份向北（子）方和紅線上端的二個紅點吻合。

如此一來，即可一眼看出方位。

風水稱我們的背為「坐」，面為「向」。

例如，自己的身後為山，前面是海，就稱為「坐山向海」。若背後為北、面前為南，則稱為「坐北向南」。

陰宅的場合，其表面相當於前面，所以為「向」，墓後為「坐」，假設墓石向南，則稱此墓為「坐北向南」的陰宅。

陽宅則看門向，例如門向南，則稱為坐北向南的房子，但陽宅還必須看各房間的方位配置，所以比較麻煩，我們在陽宅部份再說明。

另外，使用羅盤必須注意羅經八奇，所謂八奇就是搪、兌、欺、探、沉、遂、側、正八種，其中有些內容重複，所以實際只有三～四種，現代使用羅盤時也該注意這些重點，彙整如下。

使用羅盤時的注意事項

①羅盤不可靠近金屬、電器用品（行動電話、隨身聽……），否則中心磁針

坐山向海

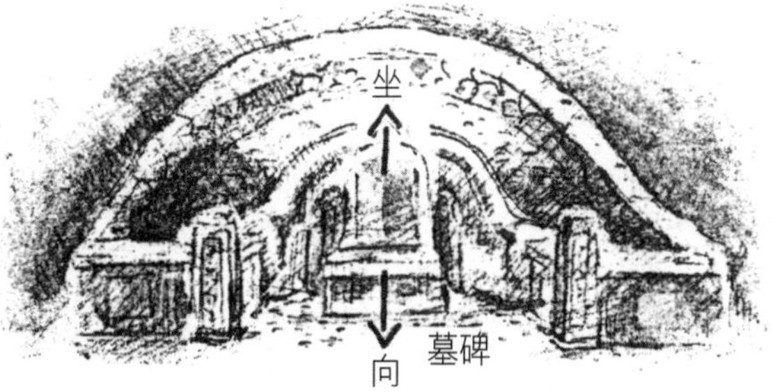

陰宅的坐與向

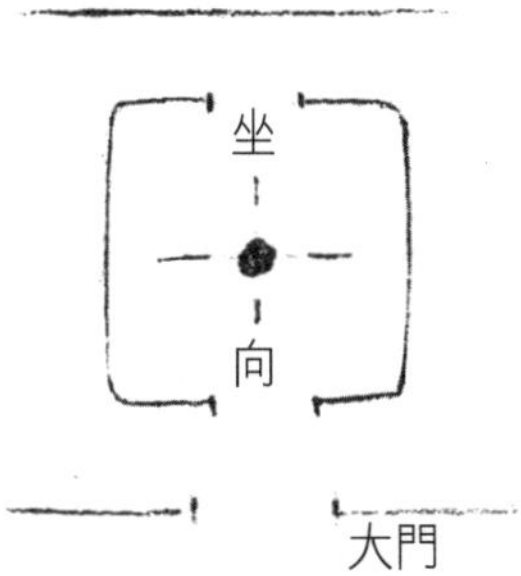

陽宅的坐與向

坐北向南

會擾亂。

②羅盤不可用於發生強力磁力之處，否則磁石會因振動或磁力而受干擾，所以洗衣機等家電用品運行時不可使用羅盤。地磁氣異常強烈之處亦同。

③羅盤盤面必須保持水平，指針不可蹺起或低下，同時也注意羅面與盤體的接合處是否密合，不可鬆動、破裂。

④羅盤中心的磁針旋轉不止的時候，請檢查有無①②項情形，若無，便是陰氣異常強烈所致，其多半是由於神秘的超自然現象所致。

關於這一點，宋韶光曾舉出實例，在此向各位介紹。文中的我即宋先生本人。

異常旋轉不止的羅盤怪象

——有個人向我問道：

「為人看風水時，有沒有神秘現象出現？」

我不是專業風水師，遇到的個案也有限，但的確有奇妙的事發生過，許多風水師們也都有面臨異常現象的經驗。

具體而言，當取出羅盤欲測方位時，磁針突然擺動不已，如此根本無法測出正確方位。

遇到這種狀況，多半風水師抱著三十六計走為上策的心態，藉故告辭。我詢問一位風水師朋友，他說道：

「正常狀態下，指針不會旋轉不止，如果出現這種現象，多半是因為家中有靈異物存在，雖然只是假設，但靈異物具有特殊的磁場，所以推測羅盤受磁場影響，產生旋轉不止的現象。」

實際上就有例子發生在香港新界地區，我的一位風水師好友李先生，就親身體驗了。

李先生受人之託為其家宅看風水時，在大廳拿出羅盤準備測各房間的正確方位。

這時，夫人正在做飯途中，便很快地對我說了二、三句話後回到廚房。

「對不起，我到廚房看一下爐火，待會兒再出來招呼你。」

李先生應了一聲：「好！」隨即將目光移往羅盤，瞬間，他不禁愕然，羅盤針奇怪地旋轉不停，而且振幅很大，一點也沒有停止的跡象。

真奇怪，這樣就無法看方位了，李先生只好先觀察整個屋宅全貌，先抽根煙安定心緒吧！於是他從白煙盒內抽出一根香煙，但由於一手拿著羅盤，無法點火，正想將羅盤放置時，看見旁邊站著一位年輕男孩，李先生對他說：「可以幫我拿羅盤嗎？」

年輕人搖搖頭。李先生心想，連幫個忙也不肯，真不親切，於是自己用左臂夾住羅盤，右手點火開始吸煙。

等心情穩定後，他起身觀察這個家，剛剛那位年輕人大概是基於好奇心，一直跟在李先生後面。

李先生觀察各處風水後回到原來的大廳，準備再測方位，夫人端了二杯咖啡出來。

夫人將一杯咖啡放在李先生面前，自己喝著另一杯咖啡。李先生看了覺得有些怪怪的，便假裝若無其事地問道：

「不給那位年輕人一杯嗎？」

夫人聞言嚇了一跳。

「你說的年輕人是什麼樣子？這個家只有我和先生二個人住，我先生已經四十幾歲了，並不年輕，而且現在也上班不在家。」

李先生聽了覺得奇怪，便回頭看那位年輕人，結果不見踪影。

李先生只好詳述年輕人的模樣，夫人臉色發青、雙唇顫抖，連手中的咖啡杯都摔在地上，口中喃喃唸著：「真的是那孩子！是那孩子！」

李先生問道：

「那年輕人究竟是誰？」

夫人呆然了一會兒，氣若游絲地回答：

「是我的外甥，以前住在這裡，但在九個月前騎機車出事死了。」

李先生聽了一陣顫抖，既然這樣，也無法測風水了，便向主人告辭。

李先生對我說：

「當你看風水時，發現羅盤指針頭按同一方向不停旋轉，就代表有惡靈入侵，怨恨之氣徘徊四周，對人有傷害。這時候最好趕快告辭，否則很容易被捲入是非當中。」這就是忠告——。

理氣有許多門派

介紹過羅盤種種之後，現在進一步探討理氣。

理氣是什麼？理氣是不同於龍、穴、砂、水之類由眼可見之物，風水師們解釋為，觀察陽宅、陰宅時，那股眼睛所見不到的威力。

一般人很難理解理氣，因此我們使用實例說明，以增加各位對理氣的了解。以下是香港陸毅風水師所說的實例，這是與陽宅風水有關的理氣。

——一九八四年，一位住在沙田的朋友，請我為他看遷居風水。

當我一眼看見他時，不禁大吃一驚，因為他和以前完全不一樣，以前的他體重一八〇磅（約八二．八公斤）搬家後減少二十磅（約九．二公斤）。

我關心地詢問，他回答：

「搬到沙田後就生了一場大病，整天昏昏欲睡，看醫生也查不出病因，由於身體狀況不好，一點食慾也沒有，就這樣一直瘦下來。」

六白	二黑	四綠
五黃	七赤	九紫
一白	三碧	八白

從九星盤上看出破壞之星、五黃在東、暗示凶意

我立刻到他家一趟，觀察風水後，發現原因出在寢室，怎麼說呢？他的寢室方位在震宮（東），看詳細一點，連枕位也向東（八卦之震）。

從理氣來解釋，此年九星之七赤位於中宮，東邊有破壞之星——五黃（參照上圖）。

巒頭欠佳，他家的東側有碎石場，整天破壞山林生產砂粒。為什麼這樣不好呢？理氣的書本如此寫道。

五黃土為戊己大煞，不論生剋，俱凶。宜安靜，不宜動作。

五黃土星是土氣（戊與己）的凶氣，不論相生或相剋，此時均為凶。在

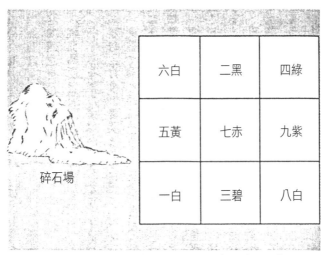

這種情況之下，只好保持安靜，任何動作均不宜。

五黃與暗劍殺（五黃的相對側，此年在西）並列凶星，除位中央（中宮）以外必定發揮凶意。

理氣之書沈竹礽所著《沈氏玄空學》有如下述：

蓋以土為五行之主，中為建極之基，有天子之尊司萬物之命，不可輕犯者，倘有大石尖峰，觸其怒，古樹神廟，壯其威，如火炎炎不可抵擋。

即使輕微之觸犯（五黃）也不可以，如果大石、尖峰等位於此方位，則更使其發怒（危害更劇烈），古樹和神廟也會使其威勢增強，因此應視其為熊熊烈火，絕對不可靠近。

我立刻幫他將床位改為坤宮，亦即東南方向（枕頭位置在此），另外，東方位放一些物品，朋友雖半信半疑，但後來身體情況轉好，證明所言不假。

一個月後，他前來造訪。

「從此以後，身體愈來愈好，體重增加十多磅，醫生對於一樣藥物卻產生不同結果，也覺得不可思議，現在食慾很好，什麼都想吃，和先前完全不一樣，風水的威力真是驚人。」

他高興得和我聊了好幾個鐘頭——。

以上是陽宅理氣之一例，各位應該對五黃、七赤等用語不陌生吧！這也是九星氣學的用語，看風水理氣時，中國也使用九星氣學。

但風水師們看理氣卻不使用氣學，只有飛星派風水師才使用這種方法，從先前三合派、三元派的區別來看，飛星派屬於三合派。

香港除飛星派之外，還有八宅派及玄空派較具實力，大多數風水師均屬此三種派別的理氣看法完全不同，以下簡述各門派之不同。

八宅派：

依陽宅坐向，將家宅嚴格劃分為乾、兌、離、巽、震、坎、艮、坤八個部分。正確說法是依家的坐向，以及門（玄關）、主（主人寢室）、竈（瓦斯）等配合而定。而家型又分為東四宅、西四宅，人也分為東四命、西四命。東四命配東四宅為吉。

此派代表作品為《八宅明鏡》，是以宅主的年命為主，開門、立灶、安床、造廁等都要配合宅主元命。

飛星派：

從坐星（主丁）、向星（主財），以及年月日時的飛星組合看宅運。星辰依年月日時移至不同方位，故稱飛星。

此派代表作品有《沈氏玄空學》、《玄空紫白訣》等等。

玄空大卦派：

此派風水師較少，依相當複雜的易經六十四卦為基礎看宅運。

其他：

除以上三派別之外，也有使用占星術看風水者，稱為星度派。使用奇門遁甲（家宅的場合為陽宅遁甲）的風水師也有，但比飛星派更複雜。

理氣作用每二十年一變

剛剛提到飛星派的實例，為避免混亂，再舉其他實例，接下來是陰宅理氣的故事。沈氏玄空學名師，沈竹礽在《沈氏玄空學》序文中提到的栽身體驗。

——沈竹礽於清同治辛未（一八七一年）之冬，為對亡父盡孝，便往中台山尋貴穴。

他取出羅盤測中台山之向，得知坐壬（北）向丙（南）方位為吉，當地風水極佳。

但很可惜，此處已為某官相中，而且花了大筆銀兩買下。

沈竹礽見狀只能低頭懊惱，雖然不得不放棄，但那塊龍穴始終留在腦海裡。

當大官將親人骨骸移至此地，掘起土地時，太極暈出現了，這消息也傳到沈竹礽耳朵，他漫不經心地喃喃自語：「真是塊吉地。」

但說也奇怪，下葬後卻發生奇怪的事，這位大官和兒子均被左遷至遠方，而且在上任途中得重病而死，主人不在了，這家也隨之沒落。

「埋葬在如此尊貴的吉穴，怎麼會發生這種事情呢？」

沈竹礽不停地思索著。

於是他邀請當時杭州有名的風水師們，再往那塊吉地觀察一次。再怎麼看都是上好吉穴啊！而且下葬日子也是經過精挑細選，毫無問題。從風水的巒頭、理氣雙方面，都找不出禍首。

有一天，一位風水師友人造訪沈竹礽處，無意中談到這個風水實例，說著，友人從自己行囊中拿出一本有關玄空學理氣的書。

沈竹礽看過之後才頓然大悟。原來坐壬（北）向丙（南），或坐丙（南）向壬（北），在上元一運二十年間，犯反吟（反方位有物重疊）伏吟（同物重疊），因此，若埋葬遺體於此方位，即使是上好吉穴，也一定會發生什麼禍事。

這時候，沈竹礽才注意到自己輕忽了玄空學的理氣算法，此後便鑽研此術，完成《沈氏玄空學》——。

九星氣學（遁甲亦同）使用的羅盤（遁甲稱為坐山盤），是以二十年為一單

反吟與伏吟

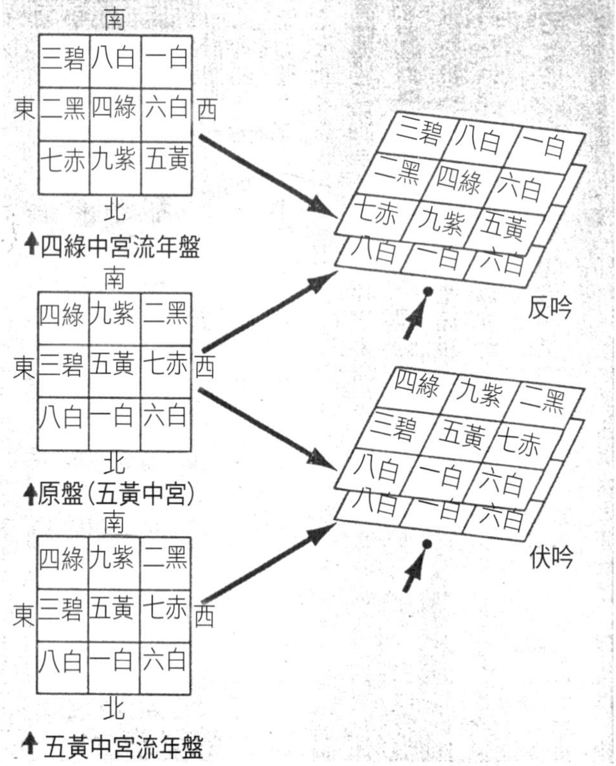

反吟就是住於原盤（五黃中宮盤）相對位置的九星，其流年盤（九星每年變化，共有九種盤）與原盤重疊的時。伏吟就是流年盤與原盤重疊的情況。

以一白為例，反吟即原盤一白相對方向的九紫來到一白位置的流年盤，與原盤一白重疊的情況。

相對於此，伏吟即流年盤的一白與原盤相同位置的一白重疊的情況。

除此之外，也有不以原盤對流（年、月、日）盤，而以流年盤對流年盤導出伏吟、反吟之門派。

位，這稱為一運。再以每六十年稱為上元、中元、下元，一八〇年後回到原來的九星，亦即合計有九運，例舉如下。

上元一運：一八六四年～一八八三年
上元二運：一八八四年～一九〇三年
上元三運：一九〇四年～一九二三年
中元四運：一九二四年～一九四三年
中元五運：一九四四年～一九六三年
中元六運：一九六四年～一九八三年
下元七運：一九八四年～二〇〇三年
下元八運：二〇〇四年～二〇二三年
下元九運：二〇二四年～二〇四三年

由於篇幅有限，所以理氣談論至此，以下介紹陽宅之理氣應用，若欲詳細了解如何使用，請參照氣學的書。

與陰宅迴然不同的陽宅氣之用法

陰宅是死者居住的屋宅，而陽宅則是活人居住的屋宅。從風水而言，二者有其共通基本部份，巒頭與理學的看法，亦即龍、穴、砂、水、向等等，雙方共通。

但墓與屋、死者與生者，對象完全不同，所以在細節上仍有差異。以下就陰宅與陽宅的相異點做比較，並探討陽宅風水。

陽宅之地比陰宅之地需要更長的龍脈與更大的龍穴

提到陰宅與陽宅之不同點，一定要談到結穴之「龍的長度」。

凡結宅地，其龍比陰地必長數倍，故有三四百里龍頭盡，決結宅地，為都邑市鎮，稍短者為大村是也。（《地理人子須知》）

陽宅結穴的要件，一定要比陰宅結穴有更長的龍，至少也要三百～四百里

（中國一百里為六百公尺）左右，最後龍頭出現，在宅地結成必要程度的穴，形成大都市、地方都市、繁榮街道等等。稍短的龍頂多只能結成大村落而已。

為什麼這樣呢？因為陰宅與陽宅利用面積根本不同，陰宅只要夠埋一個人的遺體即可，而陽宅必須足夠空間供多人居住。

為了結成比陰宅巨大的穴，當然需要更長、更大的龍。

陰宅利用氣的凝聚、陽宅使用氣的擴散

但各位可以將陰宅穴想成點、陽宅穴想成面，既然有此差別，當然對龍脈之氣的利用也不同。

蔣大鴻所著《歸厚錄・陽基章》記載如下：

陰地取其凝結、陽宅取其敷衍。

陰宅地取其凝聚，而陽宅地取其氣的擴散。

說得詳細一點，陰宅是使地氣向墓之一點集中；相反地，陽宅是使地氣在家中散開。這是陰陽宅最大不同點，以下介紹乘氣與納氣這種利用法的不同。

乘氣與納氣

陰宅重乘氣、陽宅重納氣。

風水師針對此說明如下：

乘氣（陰宅）：即乘地氣也。

納氣（陽宅）：即納天氣也。

以下再個別說明用語。

天氣：亦即理氣所謂見不到的能量作用，依時間而產生變化，可解釋為方位能量。

地氣：形成巒頭（**龍、砂、水**）所發生的能量作用。有具體姿態，很難改變，但經過長年時間，會隨著形態變化而改變。

好，再回到乘氣及納氣。乘氣是乘龍脈之氣，亦即乘地氣。換句話說，就是各種物象乘接天地宇宙間的氣，是一種順其自然的接氣方式。

納氣是指各種物象吸納天地宇宙間的氣，是一種十分主動的接氣方法。對於天氣有各種異論，一般而言，陽宅是指巒頭（都市的場合即周圍住宅環境）、理氣（方位之氣）兩方面。當然，也有人持反對看法，認為單指理氣。

在此不探討其差異，我們只看乘氣與納氣之異。

陽宅不若陰宅重視龍穴

這是區分陽宅、陰宅最重要的項目，只要具備納氣技巧即可，陽宅並不像陰宅那麼重視龍脈或龍穴。即使自己的家位於龍穴正上方，但若不懂納氣技巧，則依然無法吸收四周的龍氣。因此，自古即有這麼一句風水名言，「陽宅重局不重龍」，也就是說陽宅更重堂局。

吸收龍氣的入口，陽宅稱為門，門又包含各房間門，故住宅有好幾個門。當中最重要的稱為大門，是外部與家內部相通的門，也可視為玄關門，其次是各房間的門，再其次是窗戶，窗戶也是內外相通的重要部份。大門影響一家人，各房門與窗則影響使用者。風水師們均表示：

「善氣不受阻礙進入家門，全家人可享受幸福，具體而言即是得健康、財富、功名、人際關係等好處。反之，將引起不良作用。」

地理書上常提到屋宅凹凸如何、房門配置如何、屋宅周圍有什麼又如何等等，內容描述得很細微，但從氣為一切中心的立場而言，實在沒什麼意義，因為一切均可以納氣來解釋。

與其斤斤計較這些小節，不如以氣的活動為中心，更容易理解陽宅與陰宅的吉凶。

複雜的地理學也可以用納氣來解釋一切

例如，日本地理學中最重視的屋宅凹陷、突出部份，若以中國風水理想形（正方形、長方形）陽宅為基準，凹凸會造成家的氣不足或過剩（什麼狀態下為不足或過剩並不單純，此處不討論。）其他部份也一樣，能夠以納氣來解釋。以下列舉陽宅（地理）所重視的問題供各位參考。

①屋宅凹凸。

②家周圍的外部環境（道路、水流、其他建築物的狀態、自然環境）。

③家的門、窗配置。

④房間的配置（含水、火場所）。

地理書中詳細描寫以上各點，讀者如果從納氣的觀點出發，其實就非常單純了。遇善氣則吸收、遇惡氣便跳過，氣過剩則除，不足便補，如此而已。

從納氣立場看日本地理

①吸收善氣：房間設在好方位、門窗設在好方向。也就是利用羅盤測出理氣佳的方位，然後在此方位設房間或門窗。

②擊退惡氣：中國風水稱惡氣為煞氣，煞氣是指邪氣、凶氣。在這方面有理氣煞及形氣煞，理氣煞是與理氣有關的煞、形氣煞是與巒頭有關的煞。

理氣煞：表示家的方位（大門）、房間配置（從家的中心看）在凶方位的場合。關於這一部份已經在理氣一節中舉出實例。

形氣煞：與巒頭有關，區分為屋內煞與屋外煞。

屋內形氣煞：關於各房門、通路、樑等等。

屋外形氣煞：問題在於周圍建築物、道路、流水、樹木、塔等與自己家產生的狀態。尤其大門向最重要，影響全家人。

對付屋內、屋外形煞的對策稍微不同，基本上是遇煞氣則跳過，除去煞氣原因等等。

③過則除、不足則取：氣之過與不足不是形煞，但仍然具有凶作用，所以氣過剩時應去除，氣不足時應積極補充。

以下詳細說明。

屋外形氣煞：從陽宅外部侵入邪氣

形氣煞基本上有五～六型。

①四周被高建築物包圍：

昔日指被山包圍，但現代高樓聳立，因此多指住宅四周被高建築物包圍。這種住家不但有壓迫感，而且日照受阻造成陽氣（熱）不足，有壓迫感與氣不足二種煞氣。

四山高壓宅居凶，人口少興隆。陰幽室塞號天牢，住宅決蕭條。……三陽不照名陰極，妖怪多藏匿。（《廖金精歌訣》）

四周有高山壓頂的住宅凶。……黯暗的陰氣使房屋寒冷有如天牢。……一年到頭日照不到名為陰極，妖怪多藏於其中。

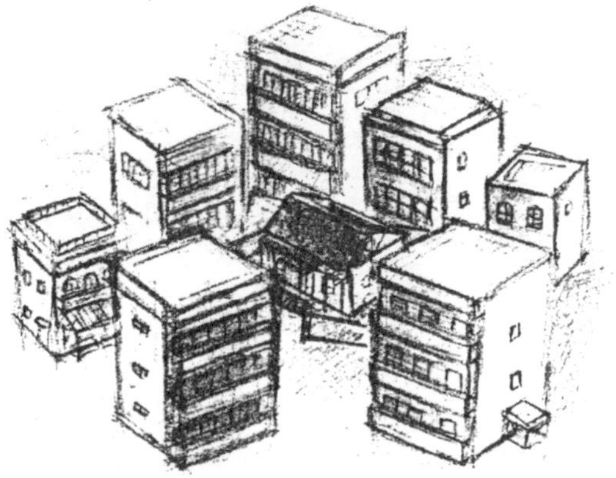

①被高大建築物包圍不但具有壓迫感，而且氣也不足。

長期居住在這種充滿陰氣之處，則形成陰性體質。陳威良風水師述如下：

「這種人易生幻覺與容易妄想，對事物沒有信心，假設想做一些事，中途也會遇到挫折，而且缺乏克服困難的決心，思想灰色，覺得什麼事都沒希望，最後淪為自暴自棄。」

是不是有這種人在你周圍呢？希望你觀察一下他家屋宅。

相反地，陽光直射、玻璃窗四處挺立的家就沒問題了嗎？錯。超越極限也不好，陳威良述如下：

「陽氣過則易焦慮，容易引起歇斯底里，嚴重時頭暈目眩症狀出現，現代人喜

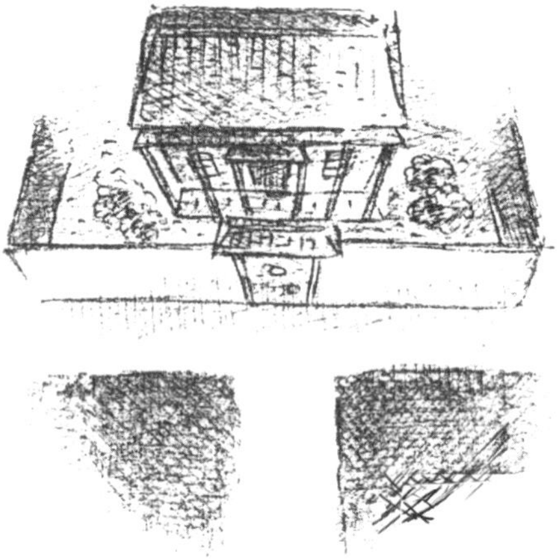

②道路直向大門，凶氣即直衝家中

歡在家中使用玻璃窗，從防範面而言也不好。」

總而言之，過與不及都不好，風水最重視調和及中庸。

②道路直衝大門形：

風水上稱為「沖心水」。道路就像大水一樣，直衝家中大門。

這種屋宅很可能因駕駛疏忽而衝入自家屋內，另外從納氣立場看也不好。

以飛星派的想法為例，從家的周圍，亦即八方位而來的氣（天氣），每年會產生變化，氣穿過門而影響家，方位之氣為吉還好，如果是凶氣，該怎麼辦？

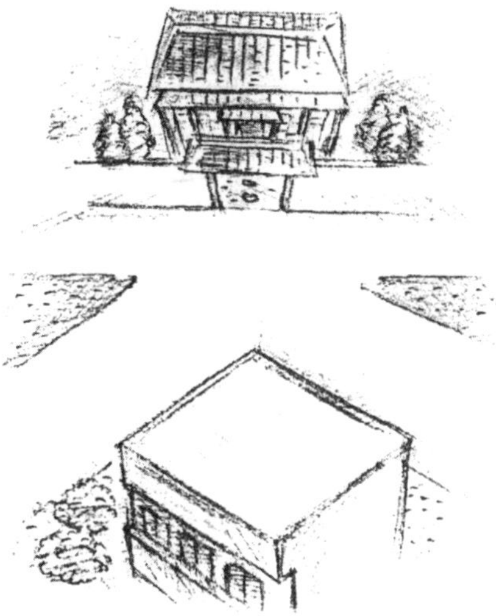

③鄰家屋角向著自家大門，就像一把銳利刀刃刺向家中一樣

沒錯，凶氣從道路直接衝進家裡，這時候如果有遮蔽物（土牆）就好了。

③對面鄰家屋角向著自己家的門：

這時會感到銳利之氣朝自家而來，風水稱為「泥尖煞」。

用人來比喻，就好像刀尖正刺著你的狀態。依風水書說法，尖部份偏左影響居住之男性，尖部份偏右影響居住之女性，不僅在健康方面發生問題，還容易被捲入紛爭當中。

不單單建築物在這種狀況下不好，這種形狀的道路也不好。

④道路背對屋宅（大門）：

這就是水龍中的反弓水。道路與家

門反向，則龍氣容易流散，將使居住者運氣下滑。

此類型最成問題的是高速公路，就好像飄在半空中的刀刃一般，如果道路呈現圍繞住宅的感覺還好，如果反向則凶。

不單單是凶而已，還會出現刀刃作用。香港風水師介紹了一則實例。

——以前，我的一位風水弟子向我介紹一位鄭小姐，她請我為他看面相，鄭小姐三十八歲，從人相學流年而言，左眼會發生事故。

的確，左眼上浮現黑色物，三十八歲參考土星，土星在人相學上指鼻子，果然，鼻子上有黑青物，另外，土星也主田宅（**土地、建築物**）、財運。我說道：

「你的陽宅有問題，風水不好。」

「真的嗎？阿芬（**我的弟子**）也這麼說，他說從紫微斗數來看，會有羊刃（**刀刃**）入宅的疑慮。」

鄭小姐請我務必為其屋宅看風水。

到鄭小姐家中一看，一切都呈現眼前了，鄭小姐家前有高速公路經過，而且高速公路高度正好與鄭小姐家的高度一致，其形正是家被一把鐮刀切斷。從理氣

④道路反向對家的大門，和水龍之反弓水一樣，會使運氣下滑

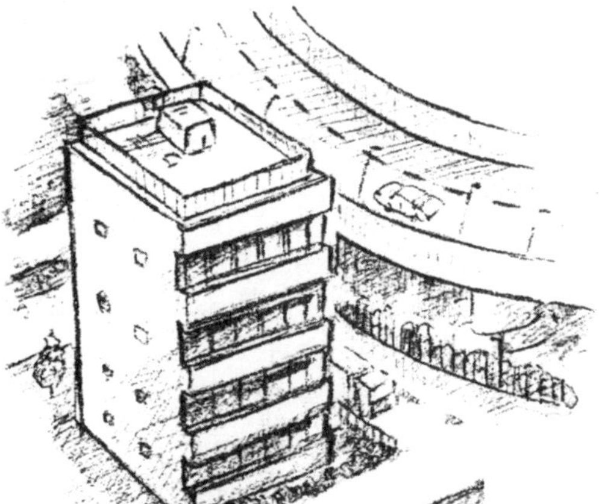

高速公路的情況也一樣，反向自家並不好

方面來看，當年象意指影響西（金）、少女（金），一問之下才知她女兒受傷縫了七針——。

⑤門前有妨礙氣流通之物：

例如樹木、電線桿等，風水用語為「頂心柱」。停車場也屬於此列，這些物體會阻止納氣，影響家中財運。

⑥陰氣濃厚之物體與門相對：

這種情形與⑤類似，均有礙納氣吸收。具體而言指墓、廟、教會、神像、佛像等等，這些物體在大門（窗亦同）之前，會使居住者受陰氣影響而呈陰性體質。

我本身就遇到類似情形，表弟住在墓場邊，這個人怎麼看都怪怪的，他的房間窗戶正對著墓地，精神較弱的人更容易受影響。

不管怎麼說，家宅周圍有這些負面威力，對於氣之吸收、排放均不佳。

以下舉一則煞的實例。

⑤門前有妨礙氣流之物，將使財運下滑

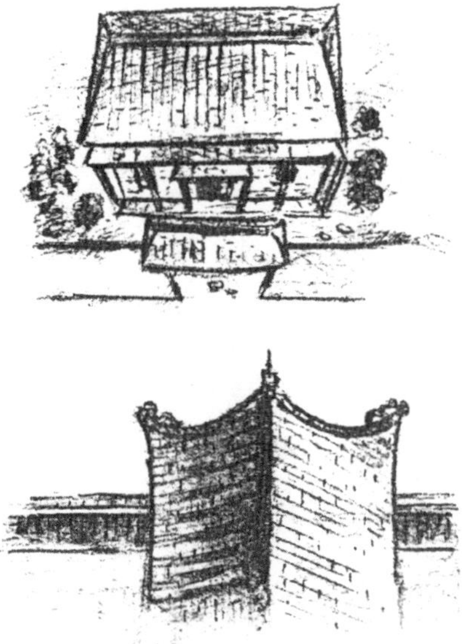

⑥門前有寺廟等陰氣濃的場所，家中會遭陰氣所害

只侵襲女性的巨大紅色牆壁

想在都市找到一處理想風水地不容易，即使好不容易找到了，但周圍環境變化很快，並非自己所可預料，理想風水條件未必能夠維持。以下向各位介紹的，就是一則風水實例。

——香港深水埗的長沙灣住著一戶郭姓人家，他家隔壁有一棟大樓，從陽台可眺望大樓巨大牆面，大樓牆面為白色，太陽光照射白色牆面後的反射強光，注入他家的客廳，因此全家人喜氣洋洋。

住在這裡的郭家一直平安無事地度日。但過了二~三年，家中二位女兒都訴說身體不適，尤其十三歲的大女兒，動不動眼睛就很疲勞，只要一從學校回家，眼睛就累得睜不開，立刻倒在床上就睡，連功課也沒辦法做，一直昏昏沈沈地躺著。

就在大女兒出現這種現象後不久，九歲的小女兒也表示頭昏眼花。

郭先生起初認為這是用功過度，罹患假性近視所致，因此往眼科就診。但經醫師詳細檢查後，二人眼睛一點異常也沒有，判斷是因為身體疲勞造成的眼睛不適，既然專家都這麼說了，郭先生只好帶著女兒回家。

之後，郭先生也帶著女兒換了幾家醫院就診，但女兒的眼睛狀況始終不見好轉。非但如此而已，現在連郭太太也感到身體不舒服。問她是如何不舒服，郭太太回答：

「好疲倦，一點食慾也沒有。」

於是郭先生開始帶著妻子、女兒四處求醫，不但精神透支，金錢也花費不少。

由於妻子身體狀況不佳，所以郭先生下班後還得做家事、張羅一家飲食，並且陪女兒讀書至就寢，郭先生本來喜歡打麻將，現在根本想都別想。

有一天，公司同事邀郭先生打麻將，本來郭先生應該爽快地回答：「好啊！」但一想到家事，只好拒絕道：「今天家裡有事！」

同事非常吃驚，因為郭先生幾乎視麻將為第一，今日卻斷然拒絕，他們異口同聲地問道：「怎麼了？」郭先生據實回答：

「老實說，我太太身體不適，二個女兒狀況不佳，所以我必須早點回去做家事、照顧女兒。四處求醫都沒效果，真傷腦筋。」

大家均表同情，其中一位同事說道：

「也許你太太、女兒的身體不適與風水有關，不如請風水先生看看吧！」

郭先生本來對風水毫無興趣，不，應該說根本視其為迷信，但事情到了這個地步，也只好抱著姑且一試的信念，請同事介紹風水先生為自宅評判。電話聯絡後決定了日子。

當天，風水師依約到達，坦白說，郭先生並沒抱持太大希望。

風水師與郭先生在家中走過一趟之後，立刻告訴郭先生：

「家人身體不適的原因，是隔壁大樓的牆壁。」

郭先生朝風水師所指的方向看過去，不禁啞口無言，剛搬來時整片白色的牆壁，不知什麼時候變了，變成一幅巨大的廣告。

而且廣告所使用的是如鮮血般的紅色，所描繪的人及物品，與周圍景觀一點也不協調，非常突出，郭先生問風水師：

「那片牆壁的廣告，看起來感覺的確不太好，但為什麼和家人身體不適有關呢？」

風水師沒有立刻回答，詳細詢問家人出生年月日後，開始計算，導出她們的生年干支五行之後，才面帶微笑地回答：

「我觀察你的住宅時，很直覺地就注意到那片牆壁，現在從你太太、女兒的五行得知，的確是那片牆壁造成的影響。」

風水師又繼續說道：

「那片廣告牆正好向著你家客廳，太陽光照在牆上後直接反射入屋內。」

「以前牆壁是白色，白色牆反射入屋的光也是白色，一般而言，白色對居住者不會產生什麼不良影響。然而你看看，現在是一片血紅色的牆，太陽光反射後照進你家也是紅色，到了夜晚更嚴重，霓虹燈使廣告更鮮明，就像熊熊火燄燃燒一般。」

郭太太與二位女兒五行均屬金，金屬於白色，所以以前的白色根本不成問題。

然而，紅色在五行中與白色相剋，於是形成今日這種局面。使白色呈最佳狀態的是黃色，從五行關係來看，黃生白。

表示五行關係「相生」者如下：

木（青）↓火（紅）↓土（黃）↓金（白）↓水（黑）↓木。

「相剋」關係如下：

木（青）↓土（黃）↓水（黑）↓火（紅）↓金（白）↓木。

五行相生是互相生旺的意思，表示生成化育。其關係依箭頭方向最好，反方向也不差。

五行相剋是互相反駁、互相戰鬥、制衡。其關係依箭頭方向最惡，反方向也不好。

雖然郭先生對五行關係沒什麼概念，但聽風水師解釋得還算有道理，的確，以前白牆時，家人什麼問題也沒有，紅廣告出現後，她們便訴說不適。

郭先生於是向風水先生請教：

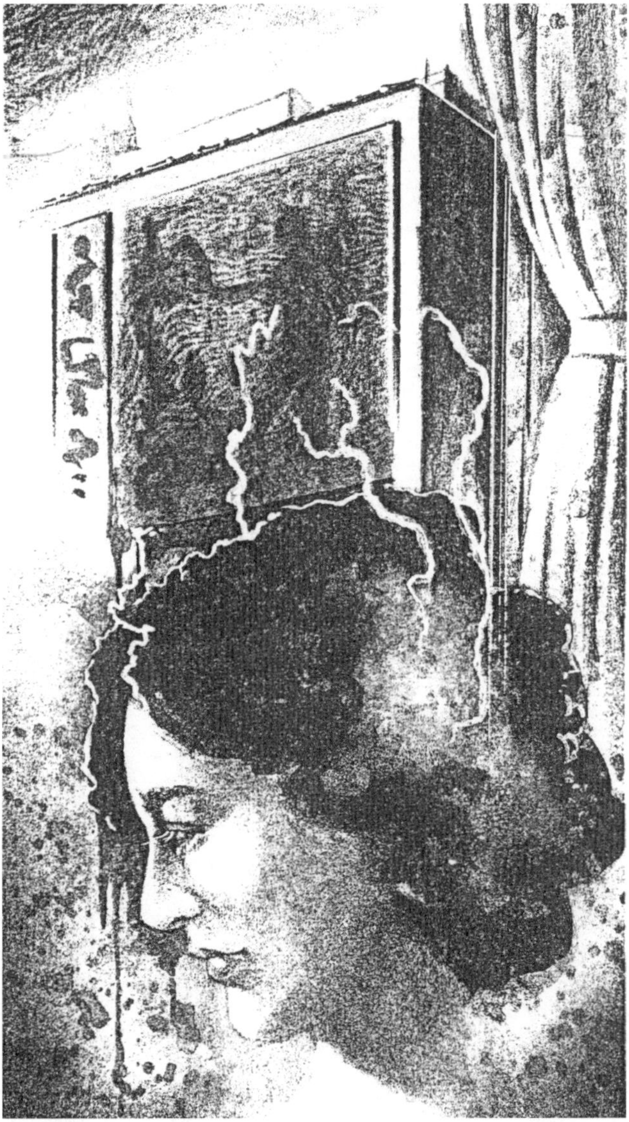

「那該怎麼辦呢？」

風水先生取出羅盤檢查後說道：

「很難，首先要改變你家整體方向就根本不可能，雖然可以利用遮住窗戶的方法，但這會使整間屋子處於黑暗狀態，也不可行，老實說，除了搬家之外別無他法。」

郭先生做夢也沒想到屋前的廣告牆會影響家人健康，但既然沒有補救方法，也只有找房子搬家了。終於找到一間比較合適的公寓，舉家遷移之後，家人的健康情形急速好轉——。

屋樑有怪蟲寄居引起咯血

介紹過屋外形氣煞之後，以下介紹屋內形氣煞實例。與屋內風水煞有關的部份在樑（橫樑）、各房間門等。首先說明樑。

屋內形氣煞：與樑有關的煞

樑是屋內風水重要部份，自古即流傳許多實例，例如睡在樑下受形煞即是。看看實例吧！

——有一位姚姓生意人，一年前購買新居並遷入，全家都很喜歡這間房子。但搬入後沒多久，姚先生就不時感到胸口附近有疼痛現象。他認為是胃不舒服，於是上醫院診治，醫生照他訴說症狀投藥，服藥後便舒緩，但不久又再復發，好像總是無法根治。

有一晚，躺在床上未闔眼時，突然瞧見天花板的橫樑正好在自己的胸部正上方，姚先生還有些風水知識，便懷疑自己胸痛與風水有關。事不宜遲，隔天他立刻請來風水師。

風水師診斷樑就是姚先生疾病的原因，於是教授應付對策。

首先，將床鋪移至樑位置之外，然後做天花板將樑完全包起來，家人以外的人進到這間屋子，都感覺不到樑的存在。

就這樣，姚先生的胸痛不藥而癒——。

此例只針對樑與床的位置關係（**就寢位置**），但樑本身有異常時，就沒那麼簡單了，會發生風水上奇怪的現象，以下介紹一則實例。

——西晉咸寧年間，一戶劉姓人家生活相當貧苦，但由於全家人勤儉節約，終於有能力自己建一棟新房子，新屋落成後，全家人歡天喜地陶醉於溫馨家園中。

但歡樂時光持續不久，奇怪現象接連發生，家人陸陸續續無緣無故地咯血，由於咯出血量不少，所以家人一個接一個地倒下，當然，在這期間不是沒看過醫生，但結論都是不明原因。

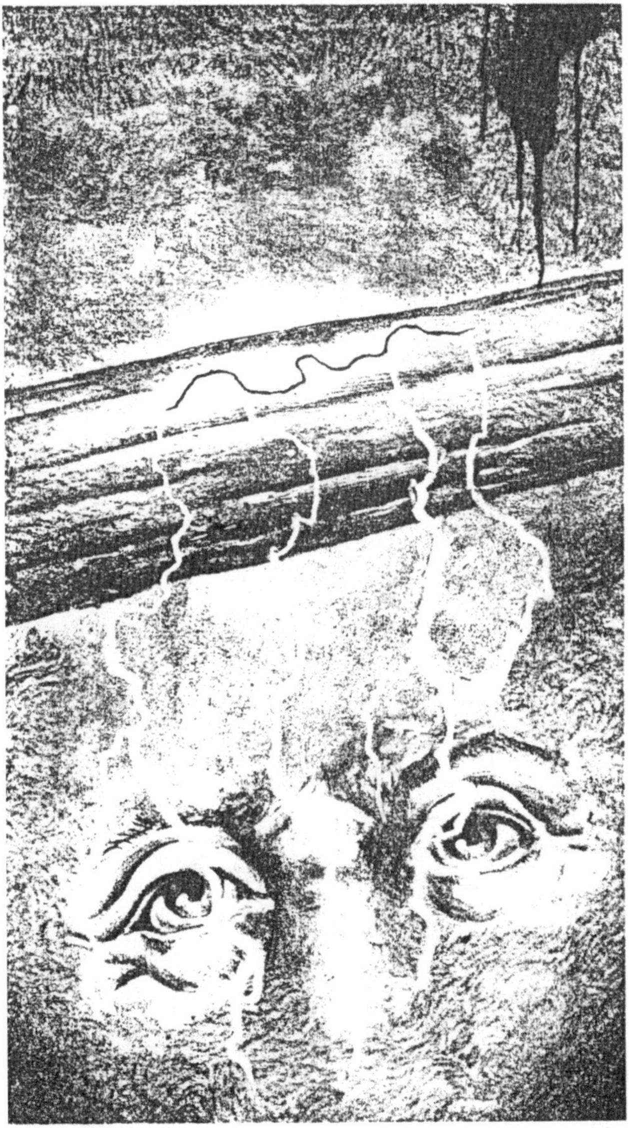

劉家人被這種奇怪現象困擾得不知如何是好，最後決定請風水師看一看。

風水師經過仔細觀察後說道：

「請恕我直言，經過我仔細觀察發現，這間住宅是凶宅，只不過全家人都咯血，實在太奇怪了，據我觀察唯一的原因是樑，樑一定有什麼問題存在，必須爬上天花板才能確定。」

劉家主人立刻命令下人取來梯子，風水師爬上梯子仔細檢查樑。

不久，風水師發現樑上有毛髮般的東西，細而長，而且如鮮血般的紅，看起來像蟲蠢動似的，風水師下梯子據實以告。

主人聞言立刻請人將這些東西捕殺，沒想到這些蟲消滅之後，全家人咯血的毛病立刻治癒，村民們聽到這個消息均感不可思議。

依風水師解釋，毛髮般的蟲是屋宅興建時，建築工人不小心受傷，滴在樑上的血受樑氣作用，變成奇怪的蟲子——。

這實例載於清・愈樾所著《右台仙館筆記》中，該書文筆簡練，敘事生動曲折，反映了當時的社會生活和人民要求，並具有一定的感染力。

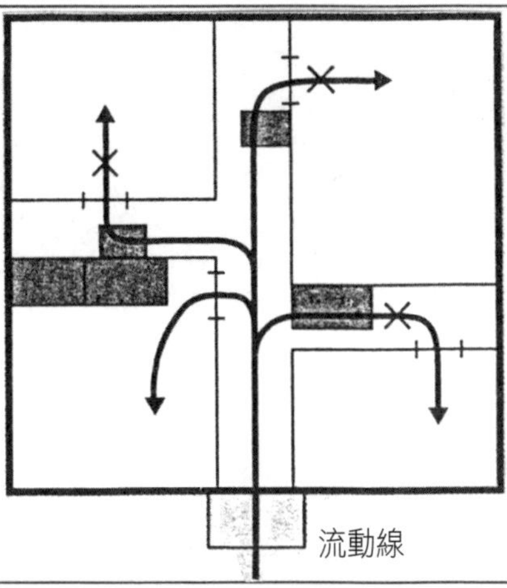

流動線受阻

這些故事告訴我們一件事，就是橫樑在屋內風水上占有重要地位。

屋內形氣煞：門與煞

接下來談屋內各房門的形氣煞。形氣煞若位於門的延長線上，將阻礙氣流流通，使納氣不順，風水上稱為「阻礙流動線」。

流動線解釋如下：「人移動的通路。亦即從大門進入屋內，經過客廳到各個房間或浴室、廁所的線。從一個房間至另一個房間的移動線。」

此流動線受阻，則納氣出現異常。

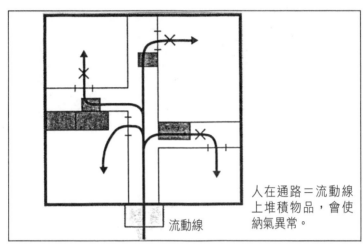

流動線受阻的原因如下。

①房間雜亂，任意堆置物。

②房間內凶氣方位放置物品。

我們也從實例來解釋。最初從房間雜亂影響居住者開始，說這則故事的是風水師凌霜，文中的「我」即指凌霜本人。

——我有一位袁姓友人，他太太經常生病，不是這裡痛就是那裡痛，因此不斷求醫診治，花了不少錢買藥，終日與藥為伍。

身為丈夫的袁先生，始終為此苦惱不已。

有一天，我們在路上巧遇，他知道我會看風水，於是向我哭訴：

「我都快一貧如洗了，辛辛苦苦賺來的錢，一半供家用，另一半全給太太買藥了，不知道是哪裡出了差錯，拜託到我家看一看！」

當我依約造訪時，為了大致了解風水狀態，便在每個房間走走看看，光是這樣就讓我掌握了大概原因，到處堆積的物品根本就妨礙了氣流。

我立刻請他們將屋內瑣碎物品清理乾淨，該丟的丟、該收的收，家具重新排整齊。但袁太太似乎不太會整理屋子，這個也捨不得丟、那個也捨不得丟的，我看他家財產一大半就被她在不知不覺中埋葬了。

夫妻爭執的結果，雖然袁太太心不甘情不願，但還是遵照我的意見，將家中重新調整得清爽些，好不容易完成後，到處都感覺清潔。

而且廢物丟棄後，家中空間更寬敞，外面空氣能夠很平順地進入家中，以前那種擁擠雜亂的感覺消失了，不但居住者，連訪客也備覺輕鬆。

不過三～四個月，袁太太的身體就恢復昔日健康狀態。

風水不可思議之處就在這裡，雖然不是科學，但實際上都與科學吻合，袁先生的家即為一例，堆積物品會妨礙空氣流通、阻礙光線進入，即使健康者長期居住也會生病，整理雜亂房屋丟棄不需要的物品，不僅有利風水，也符合個人健康科學——。（《家宅風水》）

引起妹妹頭痛的一幅畫

以下例子只因一幅畫，便使身體接受納氣作用而異常，說故事者為林宣學先生。

——我有一位朋友住在桃園市觀音區，是姓戴的典型台灣農村建築。他對中國畫造詣頗深，開過幾次個人展，備受矚目。

雖然他並非現代知識分子，但卻對占卜之事完全不信，並對我所從事的風水工作嗤之以鼻。但諷刺的是，他家也發生與風水有關的事件。

有一天，他家小妹表示頭痛，家人認為罹患感冒而求醫，但經過數日未見好轉，最後連診所醫生也束手無策，表示察不出原因。家人懷疑是不是腦部長腫瘤，便帶著妹妹到台北大醫院腦神經外科檢查，診斷結果並非腫瘤，但頭痛狀況絲毫不見好轉。

有一天，一位懂風水的朋友造訪戴先生家，家人無意中提到妹妹原因不明的頭痛。

「奇怪，怎麼會頭痛得如此厲害，醫院檢查結果腦部也沒什麼病變，真傷腦筋！」友人聞言即表示莫非風水原因。

「也許你妹妹的病不是真病，而是風水作用，風水的好壞會影響居住者的健

康，可以讓我看看你妹妹的房間嗎？」

友人環視一圈後，指著掛在西北側牆上的一幅畫問道：

「這幅畫從以前就一直掛在這裡嗎？」

戴先生根本不認為這幅畫會和妹妹的頭痛有什麼關係，不在意地回答：

「以前掛在別處，前些日子大掃除時，妹妹拿來掛在自己的房間，她說這片牆很單調，想掛一幅畫裝飾一下，所以就拿了我一幅畫來掛。」

友人聽了之後說道：

「你妹妹的頭痛元凶即在此。」

友人繼續解釋：

「房間此方位掛畫會產生煞氣，直接影響使用房間之人的頭，你妹妹頭痛的原因就在這裡，最好趕快將畫移開，你妹妹的頭痛馬上就好了，也許很難相信，但試一試就知道。」

戴先生半信半疑地照做，沒想到頭痛欲裂的妹妹頭痛突然消失——。

第五章

不為人知的風水咒術神秘世界

改善壞風水的技巧

「龍、穴、砂、水、向」為巒頭五要，五要均為好風水的情況少之又少，即使存在，經過長年累月時間，巒頭、理氣均會產生變化，風水好作用便逐漸消失。一般而言，巒頭好的場合，即使理氣稍微不好，惡作用也能被抑止；而理氣非常好時，巒頭稍差也不壞。

其對應關係如下：

巒頭○　理氣○　↓◎（非常吉）

巒頭○　理氣×　↓○（吉）

巒頭×　理氣○　↓○（吉）

巒頭×　理氣×　↓×（凶）

其實並沒這麼單純，因為處於中間附近狀態，不知道會偏向哪一方，風水的巒頭、理氣善惡並非用數值所能表現。

改善壞風水有一套方法，怎麼看都像咒術，所以本書稱為風水咒術。

方法包括置鏡法、立石法、符鎮法、埋物法等等。

置鏡法是掛鏡吸收好氣、排除惡氣的方法。依用途分為平面鏡、凸面鏡、凹面鏡等。

立石法是將表面磨平的石頭立於氣來的方向，吸收生氣，排除煞氣的方法。

符鎮法是寫符咒貼在家中或埋在地下，消除風水之煞的方法。

埋物法是將對風水有益的物體埋入特定場所，以達到控制風水的目的。依照你所期望的效果不同，所埋物品也不同。

符鎮法大家應該比較熟悉，此處將針對置鏡法、立石法埋物法舉實例說明。

置鏡法：利用鏡子改善氣

根據陽宅風水理論，善加利用鏡子可提升運勢、放大能量，是簡單又具效果的方法，陽宅經常利用，在台灣、香港街道上更是隨處可見。

以下列舉適用情況。

①感覺受高樓壓迫時。
②道路正沖時。
③場所氣非常弱的狀態。
④屋宅整體的氣非常不好。
⑤房間格局（方位配置）不好。
⑥無緣無故與鄰居相處不睦。
以上現象均可利用鏡子使之好轉。
③與⑤有必要再加以補充。③之氣不足的情況，是利用鏡子吸收生氣。⑤房間格局不好的情況，是利用鏡子使之中和。
如何使用鏡子呢？以下為具體使用法。
普通鏡（平面鏡）、凹面鏡、凸面鏡各有其使用技巧。
①普通鏡（平鏡）：只要能反射光，什麼鏡都可以，普通使用八卦鏡，即中心嵌入小鏡子，周圍描繪八卦圖。更有嵌入虎等神獸或神將像者。
鏡的主要作用在反射力，即反射凶物使其不致侵入屋宅。

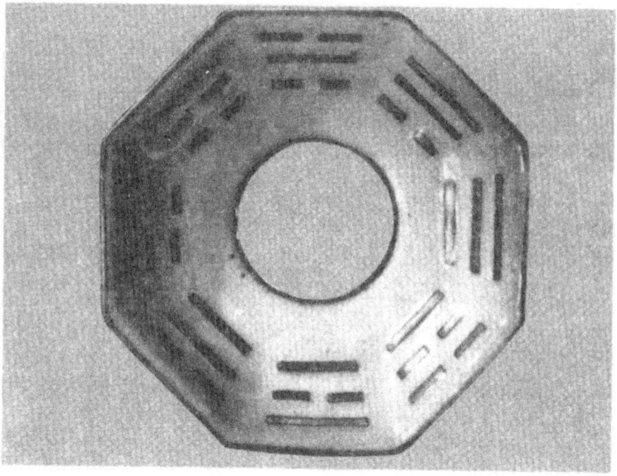

八卦鏡。中央嵌入鏡子，周圍描繪八卦

──舉個某企業家的例子。

「我經營一家工廠，業績非常差，理由是因為附近有一家電影院，其氣壓迫著工廠，於是我在工廠入口處掛一面鏡子，很奇妙地，業績立刻蒸蒸日上。但有一天，鏡子卻無緣無故地破裂了，我立刻換一面新鏡子，還好，工廠發展依然順利如常。」

文中提到鏡子破裂部份，並非自然裂開，而是受到對方煞氣壓迫所致。還好負責人立刻換一面新鏡子，使煞氣不致入侵。

接著是小提琴家林先生的故事。

他在共產文革時從大陸逃到香港，但

惡運連連，不但財產喪失，而且失業在家，本來他在中國大陸還算生活得不錯，但此一時彼一時，如今與當時不可同日而語，他現在已無能力擇風水而居。

在走投無路之下，他到風水師林雲先生（**密宗風水精通者**）處求救，林雲先生到他住處觀察後發現，此住宅受隔壁高樓壓迫，林先生受此壓迫而無法發揮能力，終於淪至此。

林雲大師教他在面對大樓的窗戶掛八卦鏡，如此即可反射煞氣。

當然，這對林先生而言，是風水上的利點，但對另一方而言，卻帶來不利影響，沒多久，鄰居便生病倒下，林雲先生表示，為了鄰居幸福著想，必須將此鏡取下——。（Sarah Rossbach《Feng shui：The Chinese Art of Placement》）

以上是使用平面鏡的實例。以下介紹凹面鏡、凸面鏡之用法、實例。

②倒鏡（凹鏡）：倒鏡是置鏡法中最廣為使用者，因鏡面為凹面，故稱「凹鏡」，又稱「白虎鏡」。為什麼稱為倒鏡呢？因為鏡面凹下，所以映射出來的人、物均為倒影。

「如果門前有噴水、樓梯（煞氣降下，善氣降低）等使氣弱的風水設施，則最好在門吊凹面鏡，因為凹面鏡有使氣無法被吸收的作用，可補氣之不足。」（Sarah前揭書）

③凸面鏡：與凹面鏡相反，鏡面呈凸狀，這就像大樓等的魚眼透鏡一樣映射，可反射壓迫之氣。

「如果高樓、高架橋或鄰家吊的八卦鏡對著你家門時，最好在門處吊凸面鏡，凸面鏡可使照映物擴散，減弱其威力。」（Sarah前揭書）

④類似鏡之物：除了鏡子之外，其他與鏡子相同作用之物也可利用，例如水。

在大樓屋頂建水池，可以反射從四周過來的煞氣，是使用鏡子技巧中最具魔術力的，不單單排除煞氣而已，還可藉著水所具有的流動作用，使反映物成奇怪形狀。

「對抗壓迫之氣，最好在家的屋頂建水池，如此不但能反射大樓帶來的壓迫氣，還能使反映物（**大樓**）搖動，促進其毀壞作用，此外，這個水池也能使家中

氣流通順。」（Sarah 前揭書）

下頁照片是我和張先生一起至某人家中所見的倒鏡（凹鏡），如果參考本圖解說即可清楚。

道路正位於門前，亦即沖心，為了防止沖心道路帶來的煞氣，所以面對道路吊鏡子。

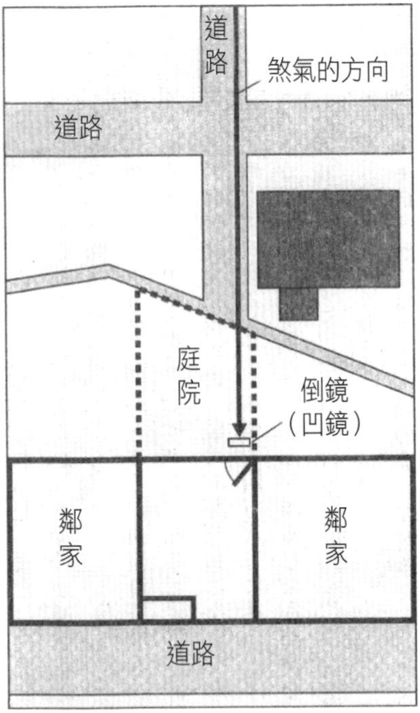

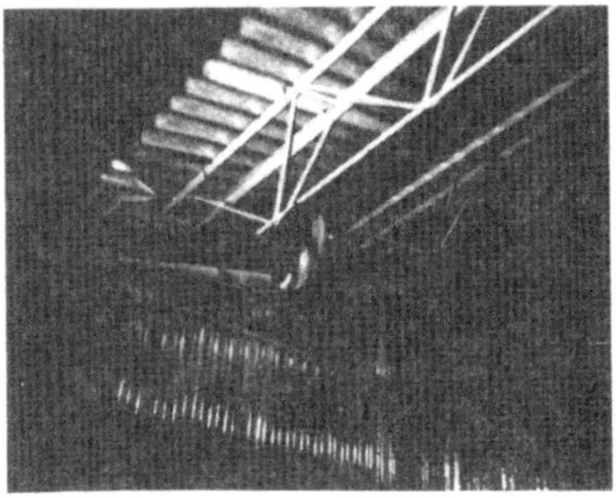

從側面看前頁照片倒影之景

道路直衝產生的煞氣，用倒鏡來防止。不僅倒鏡，使用鏡子的風水改良法簡單又有效，台灣、香港的陽宅經常使用

立石法：龍神設置法

石頭，在五行之中屬土，亦屬於堅實穩固的土，經歷風霜雨雪朽蝕時間較長。陽宅亦為屬土，因此人們利用石頭來安定家宅。

陰宅也經常使用立石法，石碑表面磨光、尺寸只有三十～四十公分大小，如二一七頁照片所示，表面雕刻龍神，用法如下：

陰宅在龍脈之外的場合，石碑立於龍脈的方向，藉此吸收龍氣。

如果自己的墓地上方有他人建墓，阻斷延伸而來的地氣時，請將石碑立於同方向，藉著石碑吸收被切斷的龍氣。

除了石頭之外，用舊鏡子也可以。先前介紹過的盧勝彥先生，就利用舊鏡子與以下將介紹的埋物法，吸收其他墓地之氣，技巧相當奇特。

陰宅使用的風水改良法中，設置表面磨光的石碑。上圖照片中央上側所看見的小石碑即此物。下圖照片為石碑上刻有「龍神」二字。

利用七星引氣法吸收廢墓之氣

——七星引氣法，原載《地靈秘笈》中，是引動地靈（龍）的方法，善用此法可將古墓中具備的靈氣轉往新墓。

首先準備七枚古錢，年代愈古愈好，但古錢一定要刻有龍形，並且印有皇帝名（中國古錢一定印有皇帝名號）。

埋下時，皇帝名號那面朝上，龍面朝下，置於墓的中央，必須擇吉日進行，埋在深七尺（約二公尺）或七寸（約二十一公分）之處。

埋物時唸以下咒語。

「祖強宗強，立己善良，祖德未艾，子孫其昌，發跡雖涼，承世延長，一代之富，速速發揚，七星葬此、靈氣來皈，古墓雖好，不如我強。」

藉著此法之執行，山精（龍）會被七星強大力量所吸引，待在古墓不住，只有從古墓移往新墓，靠向新墓的地靈歷時愈久愈強，地氣愈來愈濃，綿綿不斷，

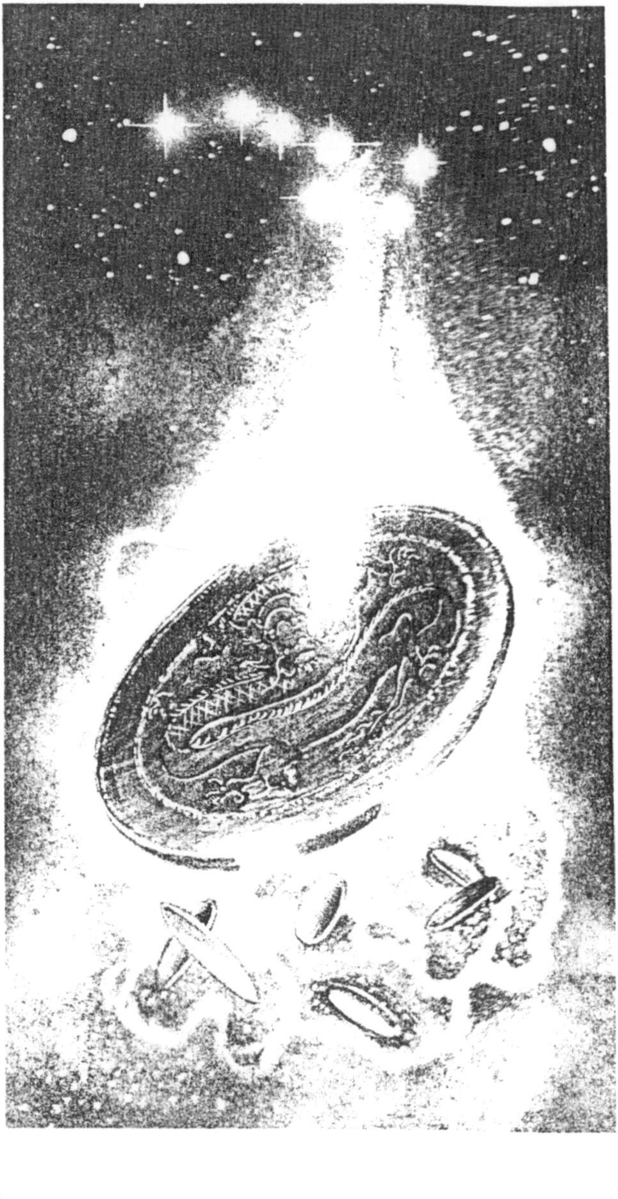

效果永存不滅。

我在彰化八卦山發現一座古墓，建於清咸豐（十九世紀後半。一八五一年～）年間，古墓不大，墓已破落，無人打掃，看樣子已經無人祭拜，荒廢了很久。

此穴稱為「螃蟹吐泡沫」，其形姿如螃蟹吹吐泡沫般精緻，而且格局（方位配置）非常好。得此穴者，後代必出現高官，打聽之下，的確墓主的後代位居高位，但後來由於時代變遷，此墓已被遺忘。

我靠近墓地觀察地氣，這時覺得頭部卡卡作響，似乎是山神（山精或山的主）藉此墓從蟹穴吸收這一帶富貴的地氣似的。

我滿心歡喜，因為可以吸收此蟹穴的力量至隔鄰友人之父的墓。

我先將舊鏡子放在友人之父的墓上，此法稱為「聚光法」。舊鏡子具有映出一切邪穢的效果，即使有人運用邪術破壞地氣，只要放置古鏡，就什麼也不怕了。此外，從鏡子發出的光芒照映龍虎二砂蜿蜒曲折的模樣，眺望遠方便可清楚，護守龍穴的龍砂（不是偽砂是真砂）就是大肚溪。

但這時面臨一個問題，就是此墓前的假砂阻路，必須拔之而後才能獲得「金葉寶光」，按理說，必須堅苦奮鬥才可，此墓前望是大肚溪，最遠的地方是大肚山，也就是烏日成功嶺一帶，此地景色略鬆散，但局前非常生動有力，故可相安無事，這即是「分龍貴賤有耆龜，貴賤攸分在動移，貴格星峰多振作，賤龍懶散欠施為」。

於是我使用前述七星引氣法，結果成功地為友人之父的墓吸收古墓之力量。此墓極佳，但必須注意一些事情。例如，掃墓時不可鳴放爆竹，因為螃蟹是膽小的生物，若在入口鳴爆竹，可能子孫滅亡，無人前來掃墓。

實際上，古墓一族好像就是因此而絕子絕孫，以致於這麼好的風水地，現在連個人來掃墓也沒有——。

切斷女兒手指奪取龍氣的風水咒術

埋物於地下控制風水威力的方法稱為埋物法，七星引氣法也是在使用古鏡的同時，將古墓埋入墓內，亦為埋物法之一種。

埋物法所埋之物不限於古錢，資料顯示，動物的毛或骨、鮮血、符、木板、人像娃娃等等均可利用，另外羅盤也可當物埋，而且效果最大，但所費不貲，在龍穴埋這些物品就可能控制風水。

但也不是你想怎麼做就怎麼做，還是有些限制的，例如，利用此法奪取他人的墓穴力量，就是竊盜行為，和吸收荒廢古墓之氣不同。

但實際上就有這種例子，前面介紹的《子不語》一書中即有記載。

——清代福建地方有座大山，山上有一處風水絕佳場所，人人均稱之為「相公墳」，「相公墳」為李姓人家所有，得風水之賜，李家代代發達。

而附近住著一位深諳各種法術的道士，早就相中這塊相公墳，只是苦無機會下手。

閒來沒事，他就來墳地四周轉來轉去地看，但見群鳥啁啾，山花爛漫，這處坐北朝南，背有高山，兩靠山丘，宛如一把座椅，相公墳就穩穩坐在其中。

前方又有長流水不斷，可以源源不斷地運來財物。顯然，這是個出貴人的地方。

道士有一位女兒，罹患重病將不久人世，道士在女兒病床邊說道：

「妳是我親生的女兒，現在不幸罹患重病，恐怕不久於人世，為父的實在於心不忍，不過在你辭世之前，請將妳身體的一部份送給做父親的，就算是報答這十幾年的養育之恩。」

女兒聞言大吃一驚，但古代女性遵守三從四德，只能含淚允諾。

「身體髮膚受之父母。今日父親既然這麼說了，身為子女者豈有不從之理，但我有一個請求，可不可以告訴我原因。」

道士回答：

「我老早就想借用相公墳之力了，但那是別人的墓，我沒什麼好方法，所以拖到現在，不過如今倒是有一個好方法，那就是將小孩的骨頭悄悄埋到相公墳內，如此我方即可吸收相公墳的威力。」

停了一下，道士又繼續說道：

「但問題是不能用死人的骨頭，而用生者骨頭又太殘忍了，最好的辦法就是用像你這樣生存者，卻又病重，隨時可能辭世的人骨頭。」

不等驚恐的女兒回答任何一句話，道士就拿來菜刀砧板，將女兒放在被子外面的手指切了下來，然後放入羊角內，夜裡悄悄埋在李家相公墳。

從此之後，李家不幸事件一樁接一樁；相反地，道士一家人卻漸漸發達。

例如，李家有某人參加科舉不幸亡故，道士家便有一人高中科舉。李家田產量減少十斗，道士家田產便增加十斗。兩家呈現一長一退關係。

當然，李家人立刻注意到這種現象，但沒有證據，說出來等於撕破臉。

有一年清明節，村民們扛著張天師神像，隨著鼓樂聲在街道遊行。

但此行列行至相公墳處時，卻發生了奇妙現象，神像突然如千百斤重，幾十人拼命想扛都扛不起來，神像穩穩地鎮坐地面。村民們各個左顧右盼、七嘴八舌

地表示一定有什麼事將發生。

果然，行列中一位男子好像被神附身似的，大聲對村民說道：

「我是張大帝，你們仔細聽我說，李家的相公墳裡住著妖怪，破壞當地風水，你們立刻回家取出鋤、鍬、繩，速速前來除妖。不可延誤！」

群眾中也有李家人，聞言立刻回家取出除妖道具，火速跑回相公墳。

在群眾的圍觀下，李家人從墓中挖出一隻已呈現金黃色的羊角，裡頭藏著一條紅色小蛇，作勢想攻擊人，李家人見狀，便用道具將蛇打死。

殺死蛇後，仔細看羊角裡面，密密麻麻地寫了一堆小字，經確認後才知是道士一家族人的姓名，群眾這時才頓悟這是怎麼一回事。

真相大明之後，道士被送往府衙。從此以後，李家運勢恢復原來之貌——。

聽了真令人害怕，不法之士竟然利用垂死的女兒手指，盜取他人陰宅之氣，雖然得到不錯的效果，但最後還是被拆穿了。

有關屋宅橫樑的陽宅風水咒術

埋物法是將物埋在土中，但此法還可更廣泛地利用，例如在建築物最重要之處，亦即橫樑或天花板埋物品，也能造成相當大的效果，以下列舉二～三實例。

招來好運的風水人形

——大團鎮住著一戶盛姓人家，幾代富貴不絕，據附近人表示，盛家的富貴與建屋工人有關。

據說，盛家祖先在建此屋時，親自擔任監工之責。

有一天，祖先聽見水泥工和木工在說悄悄話，但說得很小聲，不知在說些什麼，由於形狀可疑，便暗中注意二人的行動。沒多久，祖先目擊二人做奇怪事情的現場。先是水泥工做了一個水泥人形，接著木工又鋸了一塊長方形木板。祖先心裡很疑惑。

最後他看見二人將水泥人形的頭刺入長方形木板中，然後吱吱喳喳地說了一些話之後，便將此物藏在天花板的樑內。

盛家先立刻傳二人來問話，二人眼見事情露出破綻，於是坦白回答：

「我們這麼做是為了盛家的將來，水泥人形表示盛家子孫，長方形木板表示四方，意味著此處第一人家。換言之，盛家子孫將靠著我們施行的風水技巧，在地方上成為第一大戶人家。」

盛家祖先點頭表示了解，並且決定一試，果然盛家移居至此屋宅後，每個人好運不斷，成地方上首屈一指的富豪之家，其餘祿世代延續至今——。（程趾祥《此中人語》）

另一則是相反例子。

在橫樑上動手腳破壞風水的工人

——有一戶鐘姓人家，於清道光（十九世紀前半。一八二一年～）年間突然富有起來，俗語說得好，「德潤身、富潤屋」。

富有之後的鐘家，決定興建新居，但由於主人吝嗇，凡事斤斤計較，因工資問題激怒工人，最後雙方鬧得很不愉快。

鐘家主人有三個兒子。首先是長男與次男，在遷居新家幾年後即病逝。留下二位媳婦身體也不好，備受村民恥笑，當時民智較低，不像現在這般重禮。

只留下三男一個兒子，雙親將一切寵愛都加在他身上，以致於養成他放蕩的性格，喝酒、打架嫖妓樣樣都來，鐘家主人憂心之餘病故人間。

一家之主去世後，經濟來源中斷，三男只好靠遺產過活，最後也到山窮水盡的地步，三男決定賣掉這間宅第。但由於建材、施工太過華麗，村內也沒人買得起，最後只得拆屋變賣建材。

當工人進行拆屋時，在橫樑上發現奇怪的東西，樑與樑之間藏著一支竹尺及一支不能用的筆，再細看上面記載著幾個字——「三十年必拆」。

三十年之後，這間房子必定被拆除……，鐘家人面面相覷，若有所悟，原來房屋落成至今正好三十年。

一定是三十年前有人想使鐘家沒落而運用的風水術，犯人立刻浮現檯面，想必是與鐘家主人鬧得不愉快的工人。得知家道中落的原因後，鐘家人也只能陷入絕望的深淵——。（前揭書）

夜夜困擾主人的古老燭檯

再介紹一則陽宅風水咒術之例，這是被掛在天花板上燭檯的故事。

——紀曉嵐是乾隆時代（十八世紀前半。一七二四年～一八〇五年）有名的官吏，其家一族各個位居高官要職，但奇怪的是，大伯公湛元、伯父君章、堂兄弟旭升等三人，均得原因不明疾病早逝。

到底是什麼病呢？他們到了夜晚即輾轉難眠，白天雖然精神不振也沒辦法，最後終於睡眠不足，疲勞過度而死。

此家第四代，旭升之子汝允（紀曉嵐之甥）也和上一代一樣得此怪病，四處求醫仍無效，汝允本身知道無法久活人世，因此終日悶悶不樂。

有一天，房屋部份老舊毀損，汝允請來工人重新修復，但卻發現異常現象。

「大人，大廳的天花板上有奇怪的東西，好像藏著什麼似的，請大人看一看。」

汝允全家人到現場觀察，由於已是百年老屋了，誰也不知道那裡到底放些什麼東西。工人用尖銳工具破壞屋頂後，發現裡面放著一個年代古老的燈架（燭檯）。工人解釋道：

「這是風水手法，大概百年前蓋這棟房屋的工人有什麼不滿，為了報復這家人而施予風水法術。放置這個燭檯是為了讓主人夜夜無法安眠，只要將此物移開，各位就了解我所說的了。」

果然不錯，將燭檯移開之後，當然汝允的病立刻痊癒，而且不再復發——。

（清・紀昀著《閱微草堂筆記》）

後記

風水與仙道修行有密切關係

風水是利用大地龍力的仙道修行法？

我們不斷地追尋龍脈、龍穴，更利用龍所發出的能量改造世界，這是我們既知的風水風貌，但未知的風水世界仍是一團謎。

一言以蔽之，風水視大地為創造巨形龍體之處，而人體則是小宇宙。

圍繞在我們周圍的自然環境，本身就是生物，一直獨自運行生命現象（**最近西方人也逐漸傾向此說法**），這種大地神秘的運行，即是古代中國人慣稱的龍。

實際上就像他們所說的，龍近似生物，有胴體也有頭，有手足也有頸，而且被破壞就會死，完全和生命體一樣。

桐體上有毛（**草**）、有骨（**龍脈**）、有經絡（**龍脈的分歧**）、有血管（**水流、水龍**）。當中不但有大地之氣循環，而且進行某種有機活動。

龍穴可比喻為人體的穴，如前所述，龍穴被認為相當於女性的生殖器官或子宮，因為龍穴正是大地之母的最重要場所。

使用中國醫學思想其實就可說明風水，但還有比中國醫學更能清楚說明風水的學問，那就是仙道。本書就以風水與仙道之謎做為總結。

風水稱大地之氣是流龍脈、得砂環、水抱、結穴。此若以仙道（煉丹術）來比喻，龍（玄武山）、砂（龍虎砂、兩側的山）明堂、朝案山等，即相當於煉丹之爐，層層圍住龍穴，以防龍氣流失。這也和施行仙道時身體、意識狀態集中一點一模一樣。

龍脈是經絡、風是呼吸、水是血（體液）的循環。而穴與其說是人體的穴，倒不如說相當於仙道的竅（丹田）來得貼切。

修仙道時，呼吸（風）太強或太弱都不可以，這和砂的藏風作用相似。藏風也是太強（砂關閉，陰氣太強）或太弱（砂太開，氣易漏）都不可以。仙道的意識之集中與呼吸法，是將氣血同時集中丹田，使氣凝聚，這和風水的藏風抱水相似。藏風抱水可使龍穴之氣愈來愈強盛，仙道也是藉著氣血集中丹田使丹田氣愈來愈強。

理想的風水是變化龍穴的土壤（即能量場）性質，仙道也一樣，藉由修行集中於丹田的氣，能變化為陽氣（**仙道之氣**）。

再看看風水拼命找條件適合之處，在此龍穴（**氣的集中點**）上建陰宅，藉著向而使天氣（**或地氣**）集中、強化。

利用房中術吸收人氣，利用大周天（**也有小周天**）吸收天氣，這就像利用風水向吸收天氣、地氣一樣，差別只在於人體與龍體。

說到房中術，有些風水師主張，風水的精華在於房中術。大地之純陰（**女性原理**）能量，與人類之陽（**男性原理**）能量合而為一，即是風水最高境界。實際上，房中術的陰陽雙修法當中，即有做此暗示的派別（**青城派**）。

風水並非只是登山、繞地、尋龍穴這些技巧而已，風水本身和仙道一樣，都講述進入神秘世界的技巧，發現絕佳風水，進一步引導風水至理想狀態的情況，即相當於仙道之煉丹（**練氣成丹**）。

風水神秘之處即在於其內臟，我們日常所見之土、樑，均是其本身具體表現出來的神秘世界現象，但這些不過是極少部份罷了。

但這些風水本質幾乎被大眾遺忘了，人們關心的只是風水當中的陰宅與陽宅

部份，真希望風水神秘世界能再度被重視，這也是我寫本書的原因之一，而本書也只不過是入門而已，如果有機會，希望能再寫一本探討風水奧秘的書與各位分享。

欲了解仙道種種，請參照拙著《秘法！超級仙術入門》、《仙道鍊金術房中法》。

高藤聰一郎

仙道風水術尋龍法

原 著 者｜高藤聰一郎
編 譯 者｜李芳黛

發 行 人｜蔡森明
出 版 者｜大展出版社有限公司
社　　址｜台北市北投區致遠一路 2 段 12 巷 1 號
電　　話｜（02）28236031．28236033．28233123
傳　　真｜（02）28272069
郵政劃撥｜01669551
網　　址｜www.dah-jaan.com.tw
電子郵件｜service@dah-jaan.com.tw

登 記 證｜局版臺業字第 2171 號
承 印 者｜傳興印刷有限公司
裝　　訂｜佳昇興業有限公司
排 版 者｜ERIC 視覺設計
初版 1 刷｜1996 年 12 月
2 版 1 刷｜2023 年 12 月

定　　價｜300 元

國家圖書館出版品預行編目 (CIP) 資料

仙道風水術尋龍法／高藤聰一郎著；李芳黛譯，
——初版——臺北市，大展出版社有限公司，1996.12
面；21 公分——（超現實心靈講座；18）
ISBN 978-957-557-656-1（平裝）
1.CST：堪輿
294　　85012125

版權所有，不得轉載、複製、翻印，違者必究，
本書若有裝訂錯誤、破損，請寄回本公司更換。